知らないと大損する
老後の「お金」の裏ワザ

荻原博子

SB新書
587

はじめに

「お金」のことは難しいと思っている方は多く、「お金」の知識は欲しいけれど、どうやって学べばいいのかわからないという方も多いようです。

そうした方に、「お金」のことをより身近に、簡単にわかっていただくために、この本を書きました。

マンガで登場するのは、どこにでもいそうな、やさしく平凡な一家です。この一家の生活を通して、みなさんに「お金」の様々なご提案をしています。

「お金」のことは、知っているのと知らないのとでは、将来に大きな差がつきます。早めに準備しておけば、困ったことが起きても楽に乗り越えられるし、トクすることも色々とあります。

ここに書かれているのは、そのために、「最低限知っておきたいこと」です。

特に、「老後」に不安を持っている人は、今から正しく準備しておけば、それほど恐れることはありません。

国は、豊かな老後を迎えるためには投資をしなくてはいけないと言います。けれど、投資を考える前にしなくてはいけないのは、今ある借金をなくすこと。そして、借金がない人は、現金の貯蓄をしておくこと。最低でも収入の1年分くらいの貯金があれば、失業しても、失業保険をもらいながら2年くらいは食いつなぐことができます。「投資」というのは、それができてから考えることです。

知っておきたい「お金」のことを、できる限り丁寧に解説しました。

本書が、少しでもみなさんの幸せな未来のお役に立てることを、心より願います。

経済ジャーナリスト　荻原博子

知らないと大損する老後の「お金」の裏ワザ◉目次

第2章　いつまで働けば安心？

第3章　保険はどうする？

第4章　お金はどうやって貯める？

第5章　住まいはどうする?

第6章　ほかにできることはある？

序章

老後のお金は本当に足りるの？

こんなもの
もうないのは
ご存じ？
2000万円問題
そんな大金
見たこと
ないです
2000万
問題？

はじめまして！
私はどこにでもいる
平凡な主婦です
夫、私、
娘、息子の
4人家族
ヤッホー
義父
義母
ソコソコ
スープの冷める
距離
義理の父母は
近所に住んでます
夫
娘
息子
ワン
娘は社会人になり
息子もあと2年で
大学を卒業
子育てももう
ほぼ終わり
夫も役職定年を迎え
夫婦の時間が増え円満
彼氏募集中
金持ち限定
リア充
こんな穏やか〜な日常を
送っていたのですが
最近
老後のお金が
心配で心配で
仕方ありません

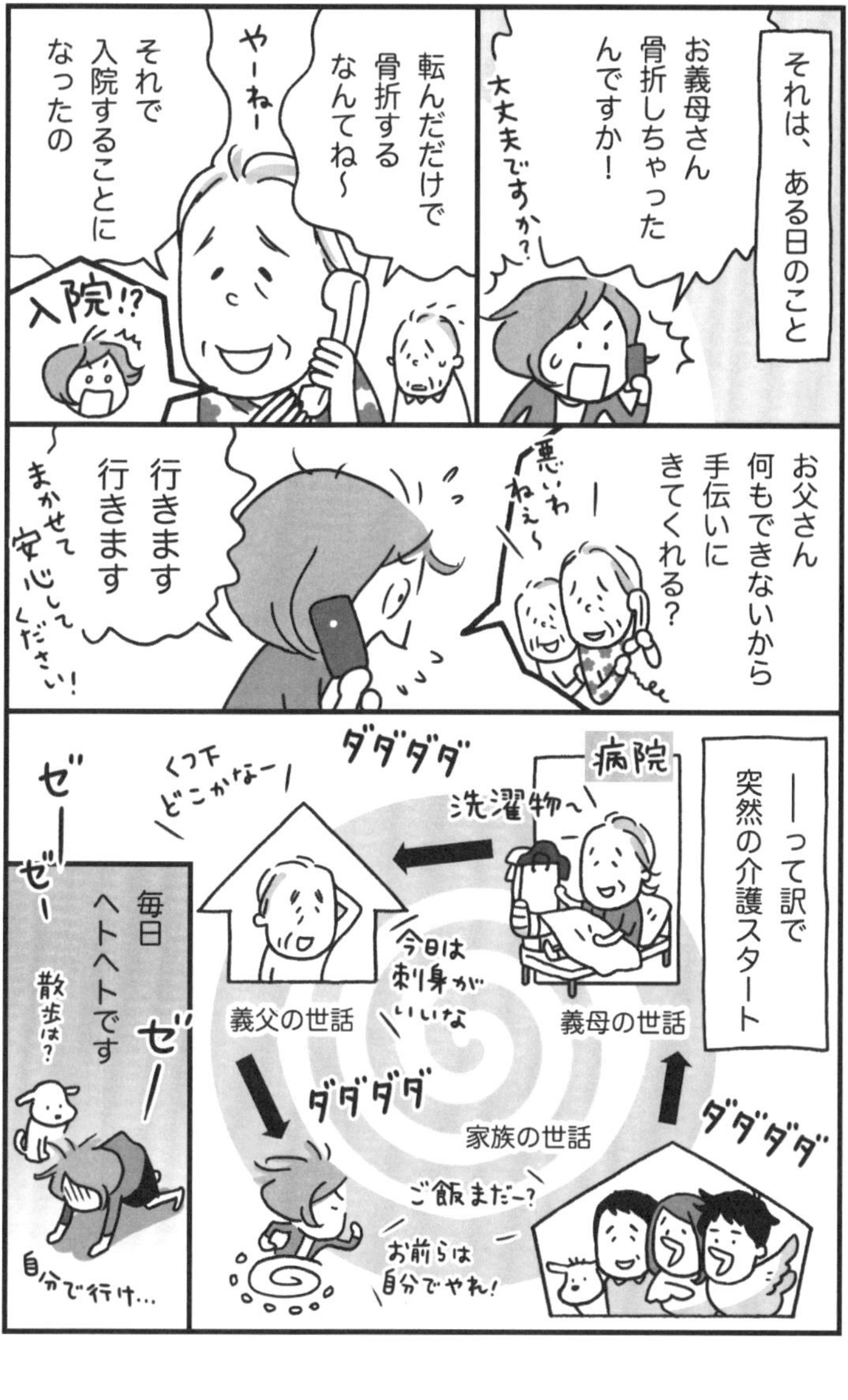
それは、ある日のこと
お義母さん骨折しちゃったんですか！
大丈夫ですか？
転んだだけで骨折するなんてね～
やーねー
それで入院することになったの
入院!?
お父さん何もできないから手伝いにきてくれる？
悪いわねぇ～
行きます行きます
まかせて安心してください！
──って訳で突然の介護スタート
病院
洗濯物へ
義母の世話
ダダダダ
くつ下どこかなー
今日は刺身がいいな
義父の世話
ダダダダ
家族の世話
ダダダダ
ご飯まだー？
お前らは自分でやれ！
ゼー
ゼー
毎日ヘトヘトです
散歩は？
ゼー
自分で行け…

2カ月後に義母は退院して
介護からは解放されたものの…
ありがとう
モヤる！
もしかして老後なんて先の話じゃないのかも
1年なんてあっという間だ
転んだだけで入院してたらお金がすごいかかるのでは…
夫は役職定年後収入も減るし…
おかわり！
それなのにおかわりするとは…
子供は面倒見てくれるかしら？
ジトー
？
？
？
イヤだっ
モーレツに自分たちの老後が心配になってきた!!!
私たち大丈夫なの!?
ふあん
そのお悩みちょっとお待ちなさい！
え？
え？
え？

だっだっ誰!?
どこから！なんでご飯持ってんの!!
わあ
私 経済ジャーナリストの
荻原博子と申します！
暮らしのお金の精よ！
コワイ！
精!?
老後のお金のことで不安がってたみたいだけど…
絶対に足りるから大丈夫よ
本当ですか!? 先生……
おかわりいかがですか〜
正しく備えれば大丈夫です
あなたは「なんとな〜く不安」になっているだけなのよ
なんとなく…不安…

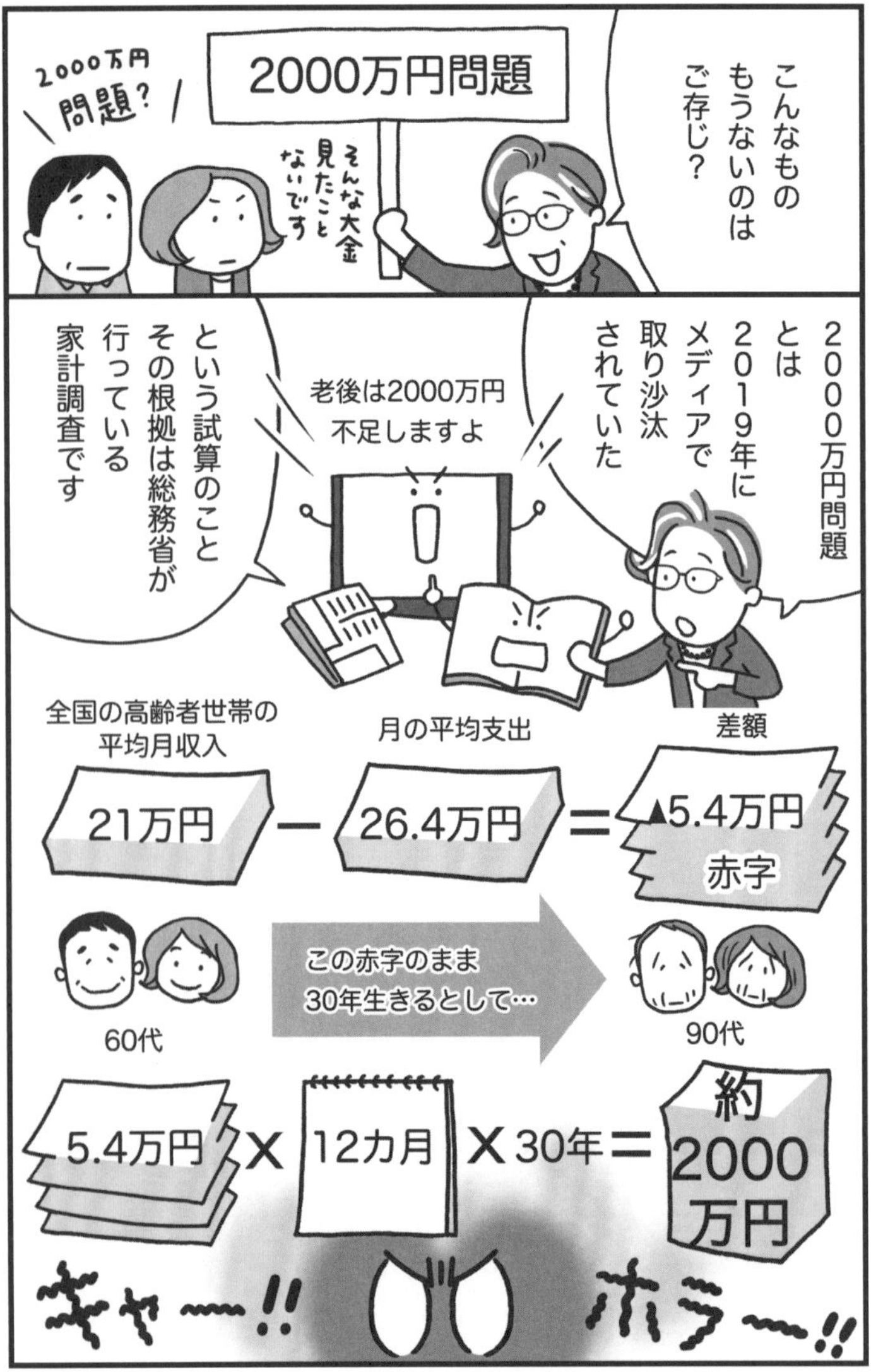

こんなものもうないのはご存じ？
2000万円問題
そんな大金見たことないです
2000万円問題？
2000万円問題とは2019年にメディアで取り沙汰されていた
老後は2000万円不足しますよ
という試算のことその根拠は総務省が行っている家計調査です
全国の高齢者世帯の平均月収入
21万円
月の平均支出
26.4万円
差額
▲5.4万円
赤字
60代
この赤字のまま30年生きるとして…
90代
5.4万円
12カ月
30年
約2000万円
ギャー!!
ホラー!!

	実収入額	実支出額	差額(月間)	差額(30年間)
2017年	20万9198円	26万3717円	▲5万4519円	▲1963万円
2018年	22万2834円	26万4707円	▲4万1873円	▲1507万円
2019年	23万7659円	27万 929円	▲3万3270円	▲1198万円
2020年	25万6660円	25万5549円	1111円	**約40万円**

※2000万円問題が話題になった当時は
2017年のデータを使っていました。

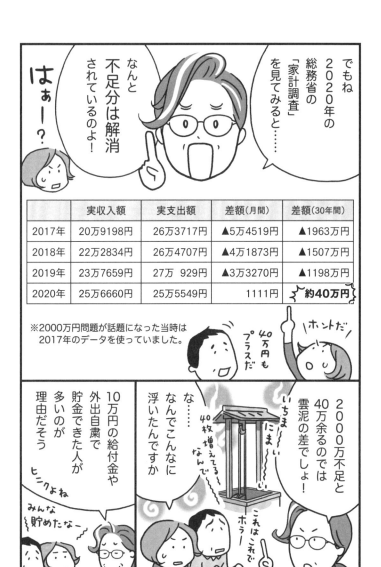

でも、老後2000万円問題がなくなったと聞くと少し安心しました
キャッキャッ
チッチッチッ
ノンノン
旅行にも行けそ～
私が言いたいのは
老後資金は不足しないから安心しなさい
ってことじゃないのよ
だってここ数年でこんなに大きく老後のお金が足りるようになりました
なんておかしな話です
まぁ…確かに……
定期55万円
ですから一般論ばかり気にするのは
ナンセンス！
えーーっ
今まで一般論だけで生きてきたのに！
一般論を疑え！

でも、気にしないって言われてもどうすれば…
まずは
自分たちの老後にはいくら必要でどうすればそのお金を確保できるのかを知ることです
生活
趣味
年金
金
「なんとなく不安」になると老後のために
投資するぞー
保険かけなきゃ
と余計なことをしてしまいがちですしね
ダメなんですか？
やってますっ
老後必要ですよね
まあまあ
それは3・4章で詳しく説明しますね
まずはあなたのお金を見える化するところから始めましょう
まかせて！
よろしくお願いします！
見たいような見たくないような…

老後のお金が不安なのは、なぜ？

2人以上の世帯のうち世帯主が65歳以上の高齢者の平均貯蓄額「家計調査報告（貯蓄・負債編）」（2020年・総務省）では、2324万円。ただ、**平均貯蓄額は2324万円ですが、総人数の真ん中にあたる中央値は1555万円なので、そのくらい持っているのが一般的ということでしょう。**

内訳を見ると、貯金を2500万円以上持っている人は32・5%、つまり、高齢者の3分の1は、2500万円以上の貯蓄を持っているということです。

一方で、**貯金が100万円未満という人も7・9%**います。

これは、今時点での高齢者の貯蓄額で、実は、これから高齢者になる人は、給料が減っているのでもっと貯金が少なくなるのではないかという不安があります。貯金だけでなく、もらえる年金も、減っていく可能性があります。なぜなら、日本の年金は、働く人が高齢者を支える相互扶助方式ですが、少子高齢化が進んでいるからです。

日本の年金は、もともとは「物価や賃金が上がれば、それに応じて年金額も上がる」というものでしたが、物価や賃金が上がったらその分だけ年金を増やしていくと、将来、年金原資が枯渇してしまうという恐れが出てきました。そこで、今では現役の給料が減ったら、年金も一緒に減ってしまう制度になっています。

さらに、日本では、年金に対する不信感も根強くあります。

２００７年には、国が預かっているはずの年金約５０９５万件の持ち主がわからなくなる、俗に言う「消えた年金」問題が起きました。さらに、年金行政の見込み違いや無駄遣い、個人情報漏れなどで年金を信じられなくなった人も多かったようです。

こうした、公的年金で多発した不祥事が、年金への不安感につながっています。

ただ、不安なことは山のようにありますが、それでも老後はやってきます。

来るべき老後に備えるために、少しでも蓄えを増やしておきましょう。そのためには、ご主人だけでなく奥さんも働き、子供たちにもしっかり働いてもらう。

「稼ぐに追いつく貧乏なし」と言いますが、それぞれがしっかり稼ぐ力を身に付けておけば、それほど老後を恐れることはありません。

「老後2000万円問題」はもうない

2019年、金融庁の審議会が出した「老後資金が2000万円不足する」という内容で、世の中が大騒ぎになりました。この報告書は総務省の家計調査のデータをもとに、高齢者世帯は収入に比べて支出が月5・4万円多いので、30年間では約2000万円の生活費が不足するという計算を出しています。結果、「老後資金が2000万円不足する」ということになり、そんなお金はないという人が多かったのです。

ただ、2020年にはコロナ禍になり、**なんとこの「老後2000万円不足問題」が消滅してしまいました。コロナ禍で外出が減り、消費も減って、月5万円が足りないという状況から、一転、月1111円の黒字ということになったからです。**

中身を見ると、教養娯楽費や交際費などが減っています。また、年金などの社会保障給付費以外の収入が増えました。これはたぶん、政府が行った国民への一律10万円給付の一部が、貯蓄に回ったせいでしょう。

つまり、家計をしっかり引き締めて節約すれば、2000万円も生活費が不足するという状況は避けられるということです。

2020年は、多くの人がお金を使わず貯金に回したので、貯蓄は、なんと前年の5倍の35・8兆円となっています。


確かに、「2000万円不足問題」は消えましたが、気を緩めてはいけません。


2021年には、デルタ株が猛威を振るいましたが、そんな中で病院にも入れずに死に至る人が多くいました。さらに、物価が上昇して生活コストが上がる中で、ウクライナでは戦争が起きるという、今まで思いもかけなかったことが始まっています。しかも、物価上昇の勢いは止まらず、一方給料は増えないので、ますます先行きがわからなくなっています。

こうした中で、「自分の身は自分で守らなくては、政府は守ってくれない」ということを実感した人も多かったでしょう。それを肝に銘じ、**なるべくお金を使わずに節約し、家族で助け合って暮らしを成り立たせていきましょう。**

今までの「常識」は
これからの「非常識」

今まで「常識」だったことが、これからは「非常識」になるかもしれません。

いい大学に行って、いい会社に就職できれば一生安泰というのは、すでに崩れています。

男は、結婚して家を持ち、家族を養ってこそ一人前という考え方も、すでに過去のものになりました。家の値段が右肩下がりになっている中で、無理して大きなローンを背負うよりも、借りたほうが気楽だと思う若い人が増えているからです。

また、お父さんの細腕だけで一家を支えるのは無理なので、みんなで一緒に働きましょうという時代になってきています。

お金の「常識」も、大きく変わっています。

今から30年前は、「子供が生まれたら郵便局の学資保険に加入させるのがいい」と言われていました。それは、金利が高かったので、学資保険のような貯蓄性の高い保険に加入しておけば、満期の保険金が大きく増えたからです。ですから、郵便局の学資保険に限らず、貯蓄性のある保険に加入しておくことが有利でした。

ところが、**今は金利が低すぎて、貯蓄性の保険に加入するメリットはまったくなくなりました。**

今の「常識」は、「保険に入るなら掛け捨て」です。

金融機関との付き合い方の「常識」も、大きく変わっています。

昔は、銀行で預金をすると、様々なノベルティがもらえました。けれど今は、預金をしても何ももらえないだけでなく、金利も思ったほど付きません。

振り込みなどは、銀行の窓口に行くよりも、インターネットバンキングを使って自分でやったほうが、振り込み手数料が安い。しかも、インターネットバンキングなら、真夜中でも振り込みの設定をしておけば、銀行に行かなくても翌日の朝一番には自動的に振り込みをしてくれます。

つまり、**「銀行には行かないほうがトクをする」というのが、今の「常識」です。**

「常識」は、常に変わります。それを肝に銘じておきましょう。

第1章
何から始めればいい？

なんと!
4月から年金支給が0.4%減ります
年金どうなる
え?
年金
また減るの!?
お父さん…私たちの老後…
ただ今 50代
どうなるのかしら
うーん…
うちの親の場合だと…
父・サラリーマン厚生年金毎月16万円
母・専業主婦国民年金毎月5万円
合計21万円
70代
シュミ散歩
チッチッチ…
豪遊はムリだけどソコソコ暮らせるわよね
この間月見しながらどら焼き半分こしてたよ
つつましい…
半分こ…
半月だね
毎日ステーキより幸せだったりしてシャクゼンとしないけど
仲良きことは美しき哉

子供たちに至っては…
ねーんきんなんてもらえないでしょ
どーせ！
長生きだってできるかわからないしさ
40年も先じゃん
貯金ゼロ！する気もなし！
ピチピチ20代
頼れないわね…
ハアー……
そんなもんだ
オレも若いときはそうだった
とはいえ老後はすぐソコだし
2021年からは年収が減れば年金も減ることになったし
人生尻すぼみ
あなたー
なんだソレ世の中どーなってんだよっ
そう！50代は「年金が減る！」という驚愕の事実に直面しているのだ！
奈落
まあまあ落ち着いて
ここは「資産の棚卸し」をして見直してみましょうよ
先生！
資産の棚卸し？

棚卸し』　ですよ！

	金融機関	種類	名義人	金額
貯蓄、投資信託、株式	××銀行	普通	旦那さん	◎万円
	●●銀行	普通	奥さん	◎万円
	小計　◎◎◎万円			

	保険会社	保険の種類	被保険者	解約払戻金
保険	××生命	終身	旦那さん	◎万円
	●●生命	医療	旦那さん	◎万円
	●●生命	がん	旦那さん	◎万円
	△△△	終身	奥さん	◎万円
	○○○	火災	旦那さん	◎万円
	▲▲▲	自動車	旦那さん	◎万円
	小計　◎◎◎万円			

やり方は簡単ですよ 資産と負債を 1枚にまとめて 書き出すだけ
こんなカンジ
見て見て
こうして 見える化すると わかってくるものが ありますよね

これが　『資産の

	場所	種類	面積	評価額
不動産	△△	中古一戸建て	××㎡	◎万円
	△△	土地	●●㎡	◎万円
	小計　◎◎◎万円			

	種類	名義人	数量	時価
自動車、貴金属	自動車	旦那さん	1台	◎万円
	時計	旦那さん	1つ	◎万円
	宝石	奥さん	1個	◎万円
	小計　◎◎◎万円			

	借入先	種類	金利	残債
負債	××銀行	住宅ローン	1.20%	◎万円
	小計　◎◎◎万円			

保険に入りすぎているな、とか現金が少なくて少し心配だな、とか
うわー、書き出すと突然リアルになる
保険の整理の仕方については3章で解説しますね
確認するのって大事よ
ボクのゴハン代も入れといてよ!
DOG

じゃ、次は生涯収支予測をざっくりとつくってみましょうかね
エクセルを使えるとベターですが紙でもOKですよ
1枚で確認できればヨシ！
いきなり長期プラン…
ザックリでいいって
1. まず、年齢と年齢に応じたお金に関する将来のイベントを書き込みます。
だいたい
何歳くらいかしら
子供の結婚
日本一周旅行
孫誕生
年金受給
仕事リタイア
病気
施設
2. 次に、老後までに用意できるお金の合計を考えてみましょう。
・貯金いくらある？
・給料の中からいくら貯金できる？
・退職金はどれくらいもらえる？
・年金はどれくらいもらえる？
3. 1と2を比べてみると将来が安心かどうかわかります。
老後これだけ必要なんだ
先が見えると安心するね

ではさっそく生涯収支を出してみましょうか
ハーイ
なんだか面白そうだな
あーだこーだ
旅行はもっと先じゃない？
そーか？
しのごのしのごの
じゃあこれだと…
体力的にキツいかなー
PC
PC
メモ
そもそも老後の生活費っていくら必要なんですか？
うーん
現役時代の7割夫婦2人で最低22万円ほど必要といわれていますよ
犬もいます
そっか…それじゃ旅行はムリかなー
日本一周したかった…
地図でやるか
日本地図
介護費用は1人平均600万円だって
2人で1200万円か
公的な保険もあるしなー
医療費は2人で200万円くらい
意外にかからない！よかったー！
健康一番！

老後の介護と医療費で1400万円か
退職金でなんとかなるかな
ちょっと安心したー♥
リタイアしても働きたいけどいくつまで働けるかなあ
文字が見えない…
子供には頼れないし
ムッ
それどころかちゃんと自立するか心配よ
ごはん!
いつまでも家にいる
まだ!
こどおじ化
うむ!
オレのスネに肉はない!
自立するよ!
失礼なっ
年金受給額は繰り上げ・繰り下げどっちがおトクかよくわからないのでとりあえず65歳受給に
年金受給額は「ねんきんネット」というサイトで受給見込額がカンタンに調べられるわよ
便利ー
どんどん具体的になって整理されてきました
ピカーッ
見える化大事!

さて、最後に覚えていただきたいのは
【鉄則その１】
老後に必要なお金は主に自己資金と公的年金でまかないましょう
ということです！
フム フム
正しく備えれば老後資金はなんとかなると思います
メモ
そして
【鉄則その２】
夫婦、パートナーがいる場合は必ず一緒に話し合いながら取り組むこと！
これもとっても大切
とりあえずあの世まで
お…おう
どちらかがお財布を管理している、共働きでお財布は別々
……など家庭それぞれ事情があると思いますが家計のことを考える時は必ず夫婦合算で考えましょう
ラララー
手をつなごう
もーーー
おかーさんもおとーさんもご飯まだあ!?
やっぱりこどおじだっ
失礼しましたー

まずは「資産の棚卸し」から

不安のない未来を考えていく上で最も大切なのは、今、自分たちの家計がどうなっているのかを知ることです。現実がわからなければ、対処もできないからです。

そのために、まずしなくてはいけないのが「資産の棚卸し」。

商売をしていらっしゃる方は、何が、どう売れているのかを調べなくては仕入れができません。ですから、定期的にどれだけの在庫商品があって、過不足はどうなのかなどを調べる「棚卸し」をしています。

これと同じように、家計でも、自分が持っている資産をチェックする「資産の棚卸し」をしてみましょう。

思いのほか借金がたくさん残っている、保険や投資商品が多い割には現金が少ないなど数字で把握できると、これから何をどうやって改善していけば、豊かな老後を迎えられるかが見えてくるはずです。

この「資産の棚卸し」は、**必ずひと目で見られるように、ノートなら見開きに、紙なら1枚にすべて書きましょう。**見開きで書いておけば、プラスの資産とマイナスの資産が一目瞭然になり、「まだ住宅ローンがかなり残っているから、これを減らすのに、こちらの低金利の預金を取り崩して繰り上げ返済しよう」とか「保険が多すぎて、貯金ができていない」「投資商品は多いのに、現金が少なすぎるので現金を増やそう」などということがわかり、改善点が検討しやすくなるからです。

また、この「財産の棚卸し」は、**必ず夫婦もしくは家族で行うようにしましょう。**なぜなら、家族みんなが家計の状況を知り、危機意識を共有し、それぞれがどうすればいいのか、家計についての話し合いの土壌が築けるからです。

家計は、誰かにおんぶに抱っこでは改善されません。共通認識を持ち、みんなが参加して運営すべきものです。ある程度の年齢になったら、子供たちも自分たちが暮らす家の家計について、ある程度まで知っておくべきでしょう。

バカにできない「月々の出費チェック」

「資産の棚卸し」と並行し、月々の出費についても、しっかりチェックしましょう。月に使っているお金については、家計簿をつけている人なら簡単に書き出せると思います。けれどそうでなければ、1カ月だけでいいので、レシートや領収書を見ながら、家計にかかっているお金を書き出してみましょう。

これも、夫婦もしくは家族で一緒に書き出したものを検討してください。みんなで見れば、「我が家は、思ったよりも通信費がかかっているね」とか、「電気代、気を付けないとね」などという状況も見えてくるはずです。

物価高や給料が伸びない現状を考えると、**給料の範囲内で生活していくことは最低限必要。**さらに、家計にゆとりを持たせるために、どこを減らすことができるのかということを真剣に話し合っておくことは大切です。

我が家の収支を書き込んでみよう

収支内訳	
月間収入（手取り）	
夫	
児童手当	
月間支出	
食費	
日用品費	
住居費	
水道光熱費	
被服費	
教育費	
交通費	
娯楽費	
通信費	
医療費	
車両費	
保険料	
交際費	
小遣い（夫）	
小遣い（妻）	
ボーナス収入	
夫（手取り）	
ボーナス支出	
生活費・貯蓄など	

老後の介護費用は1人600万円

「老後の不安」の1つでもある、介護費用。

寝たきりになって施設に入らなくてはならなくなった時に、いったいどれくらいお金がかかるのかは、想像できないという方が多いでしょう。

生命保険文化センターが、毎年約4000人の実際に介護を経験している人に「どれだけお金がかかりましたか」と聞いているアンケートがあります。これを見ると、介護でかかる費用は平均で約600万円。

意外と少ないと思われる方も多いでしょう。

なぜ、介護費用がこの程度で抑えられているのかといえば、65歳以上は、「介護保険」が使えるからです。ただし、40歳から64歳でも、末期がんや初老期における認知症、脳血管疾患などで介護が必要なら「介護保険」は使えます。

「介護保険」があれば、介護の状態にもよりますが、月約5万円から約36万円までの介護サービスを、所得によって1割から3割負担で使うことができます。現役並みの収入があるご老人は3割負担ですが、ご老人の多くは1割負担です。

たとえば、寝たきりで自力では何もできない要介護5の人だと、介護サービスの1カ月の支給限度額は約36万円。1割負担の人だと、その10分の1の月約3万6000円を支払えば、約36万円分のサービスを受けられることになります。

しかも、要介護5で1割負担の人みんなが月約3万6000円を支払わなくてはいけないのではありません。**収入が少ない方は「高額介護サービス費」の最低1万5000円でいい。そして、「高額介護合算療養費制度」という、医療保険の自己負担と介護保険の自己負担の両方を合算できる制度で、さらに安くなる可能性があります。**

「介護施設」については、今は入居が困難な状況も見受けられますが、2025年には団塊の世代が後期高齢者になり、その10年後には要介護者も減っていくことが予想されるので、今の50代の方が施設に入居する30年後には、「特別養護老人ホーム」などにも余裕が出てくる可能性があるので、それほど心配はないかもしれません。

老後の医療費は意外に安い

老後のお金については、「介護費用」と並んで心配になるのが「医療費」です。

ただ、日本には「健康保険」「国民健康保険」という世界に冠たる「医療保険制度」があるので、それほど恐れる必要はないでしょう。


日本の公的医療保険は、みんなが加入していて、現役世代でも健康保険対象の治療なら負担額は3割です。さらに**医療費が一定額以上になったら、超えた分を払い戻してくれる「高額療養費制度」があります**（詳しくは100ページへ）。

この制度では、高齢者になればなるほど、負担する医療費は安くなります。

さらに、国は、入院して手術をしても、1週間から10日くらいで自宅に帰り、その後は自宅療養することが望ましいという方針を出しています。高齢者が増えるにつれて国の医療費負担がどんどん増えていくので、なるべく医療財政を改善するために、短期入院を勧めているのです。つまり、治療が長引く精神性の病は別として、それほど長期入院することはないということです。

ですから、**老後の医療費については、夫婦2人で200万円ほどをみておけばいいでしょう。**

「老後の医療費が2人で2000万円」ということは、**単身者なら「介護」と「医療」で700万円、夫婦なら1400万円ほど用意しておけば、そこそこ対応できるということ。**お墓やお葬式なども心配という人は、1500万円を用意しておきましょう。

ちなみに、老後に生活費が2000万円足りなくなるという「老後2000万円問題」は、新型コロナ禍で家にいることが多くなり、多くの家庭で節約志向が高まったことで、すでに解消しています。

ただ、この「老後資金が2000万円不足する」というのは生活費の話で、老後の「介護費用」や「医療費」は含まれていません。

ですから、老後は生活費のほかに約1500万円用意しておく必要があるということです。

退職金は介護費と医療費にあてる

老後には、とりあえず1500万円の現金があれば、「介護費」や「医療費」に対応できることは理解していただけたと思います。

では、そのお金はどうやって確保すればいいのでしょうか。

サラリーマンなら、会社を辞める時に、退職金というまとまったお金が支給されるケースが多いでしょう。退職金は、大手か中小か何年勤めたかなどの条件でかなり違いますが、平均的に見ると左ページの表のようになります。大きな会社にお勤めなら2000万円から2500万円、中小企業なら1000万円から1500万円。

ですから、**会社を辞める時に退職金をもらったら、それをそのまま老後の「介護費」や「医療費」として、銀行などに預けておくといいでしょう。**

退職金が入ると、やたらと銀行などから、投資勧誘の電話がきます。もちろん、投

企業規模別定年退職した時の退職金
（大卒・勤続35年以上）

企業規模	退職金の平均額
1000人以上	2435万円
300～999人	1957万円
100～299人	1785万円
30～99人	1501万円
全体	2173万円

出典：「平成30年就労条件総合調査（学歴・職種、勤続年数階級、企業規模別定年退職者1人平均退職給付額）」

資が得意で増やせる人はこうした誘いに乗ってもいいかもしれません。

けれど、自信がなかったら、なけなしの退職金を投資に回すと、株などが暴落した時には目減りして、老後の計画が狂ってしまうことになりかねませんので注意が必要です。

また、退職金を確定拠出年金などの企業年金でもらう人もいると思います。

その場合、退職する時に一時金でまとまった額をもらうか、年金型で毎年少しずつもらうか迷いますが、**だいたいの場合には、一時金でもらったほうがおトク**。ただ、念のために会社の経理の方などに聞いてみましょう。

老後の生活は年金の範囲内で

豊かな老後を迎えるためには、年金の範囲内で暮らせる家計にしておくということが大切です。

厚生労働省の「国民生活基礎調査」（２０１９年）を見ると、年金などをもらっている高齢者世帯のうち48・４％が、公的年金や恩給だけで暮らしています。つまり、高齢者の約半数は、支給される年金などの範囲内でなんとか生活をしているのです。**年金や恩給で８割以上の生活を賄っている世帯まで含めると、約６割の人は年金頼みの生活をしている**ということ。

ですから、**年金の範囲内で生活するのは、そんなに珍しいことではないのです。**

しかも、これからはパートで働いている妻も、厚生年金に加入して年金保険料を払

公的年金・恩給を受給している高齢者世帯における
公的年金・恩給の総所得に占める割合別世帯数の構成

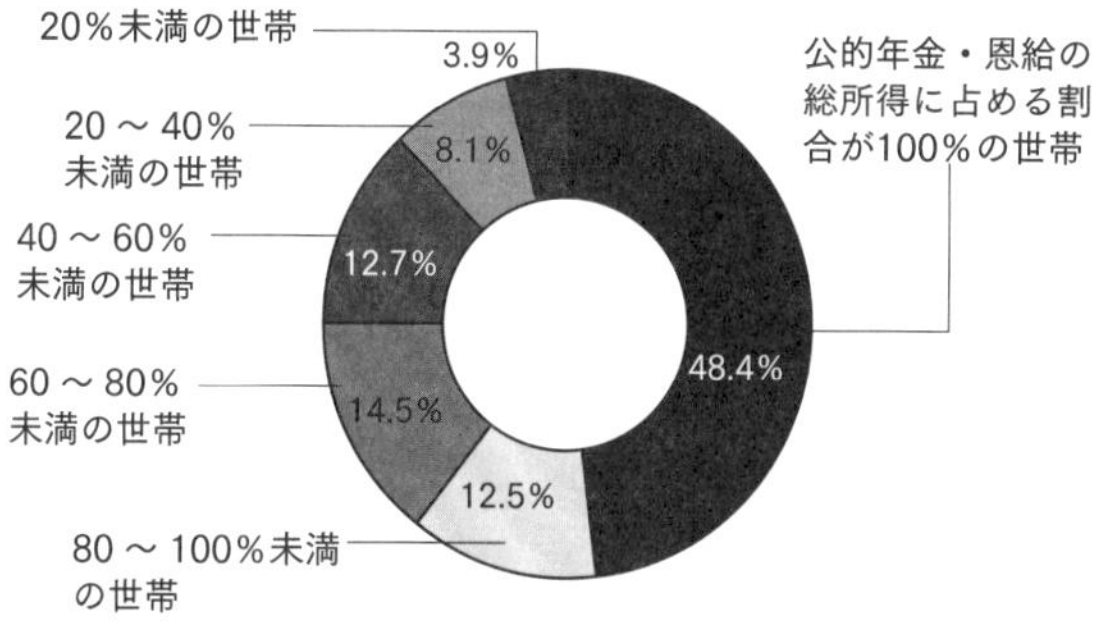
20％未満の世帯
3.9％
20 ～ 40％
未満の世帯
8.1％
40 ～ 60％
未満の世帯
12.7％
60 ～ 80％
未満の世帯
14.5％
80 ～ 100％未満
の世帯
12.5％
公的年金・恩給の
総所得に占める割
合が100％の世帯
48.4％

出典：厚生労働省「国民生活基礎調査」（2019年調査）

うようになるかもしれません。そうなると、家計全体でもらう年金額も増えます。ですから、通信費や電気代など、家計の出費で削れそうなところは、どんどん削って、家計をスリムにしておけば、年金だけで暮らせないことはないのです。

家計をスリムにしておけば、夫の年金が多少目減りしても、なんとかやっていくことはできるでしょう。

それでも年金だけで暮らすのが難しそうなら、なるべく長く働くことを考えましょう。

借金を減らして現金を増やそう

豊かな老後を迎えようと思ったら、今のうちにしっかりやっておかなくてはいけないのが、借金の返済です。

「借金」がローンという名称に置き換わり、「前借り」がクレジット、「寸借り」がキャッシングという呼び方に置き換わったことで、借金への抵抗感が希薄になってしまっているような気がします。

けれど、どんな呼び方をしようと、借金は借金。どんなことがあろうとも、将来、必ず返さなくてはいけないお金です。それも、利息を付けて！

金融広報中央委員会の調べ（2021年1月公表）では、借金がある世帯の平均値は1609万円。中央値は1200万円。年代別に見ると、40代が平均値で2058万円（中央値1700万円）、50代が1316万円（中央値1000万円）でした。

ですから、まず、しっかりと借金を減らすこと。そして、できるだけ現金の貯金を

借金がある世帯の平均値と中央値

20代…平均値478万円・中央値200万円

30代…平均値2367万円・中央値2450万円

40代…平均値2058万円・中央値1700万円

50代…平均値1316万円・中央値1000万円

60代…平均値691万円・中央値498万円

70代以上…平均値1349万円・中央値500万円

出典：金融広報中央委員会（2021年1月公表）

増やしておきましょう。130ページでも書きましたが、**イザという時のために、収入1年分くらいの現金は確保しておきましょう。**

実は、バブルが崩壊して以来、ひたすら「借金減らして、現金増やせ」を続けてきたのが、日本の企業です。企業は、バブル崩壊で大打撃を受けたので、イザという時の危機管理に目覚め、ひたすら不良債権という借金を処理し、内部留保という現金を増やしてきました。

結果、日本の企業の財務体質は改善し、今回のようなコロナ禍でも、ビクともしない財務体質になったところが少なくありません。

家計も、こうした企業の危機管理方法を見習うべきでしょう。

年金額は下がってしまうかも

将来、みなさんは、どれくらいの年金を受け取れるのでしょう。

50歳になると、60歳まで加入した場合の年金額が書き込まれた「ねんきん定期便」が送られてきて、それを見れば、どのくらいの年金をもらえるのか見当がつきます。

ここで大切なのは、送られてきた「ねんきん定期便」で、自分の年金情報が正確かどうかを調べること。実際に勤めて保険料を払っていたはずの時期が記載漏れになっていると、もらえる年金額が減ります。特に、厚生年金から国民年金へ、国民年金から厚生年金へと替わった時に空白がないかはしっかりチェックし、間違いがあったら訂正しておきましょう。

ただ、49歳以下の方は、50歳以上に比べるともらえる年金額は流動的だと思ったほうがいいでしょう。「ねんきんネット」に自分の情報を打ち込んで、ざっくりともらえそうな年金を調べることもできますが、**49歳以下だと、そもそも年金をもらう前に、制度そのものが変わってしまう可能性があります。**

たとえば年金の支給年齢ですが、今の65歳の支給から70歳に引き上げになっているということは、充分に考えられることです。支給年齢が上がるだけでなく、もらえる年金額も下がる可能性があります。

物価が上がっても、それほど年金額が上がらないだけでなく、2016年の改正で、働く人の給料が下がれば、年金額も下がるようになっているからです。

ですから、**実質的な年金額は、もしかしたら現在もらっている人の年金額の半分くらいになっている可能性もあります。**

こう書くと、なんだか絶望的な気がしますが、この世代は、共働きが多いことが幸いしています。特に奥さんがパートで働く人が多く、パートは、年収106万円を超えると、2024年10月以降は従業員51人以上の企業には、厚生年金への加入が義務付けられます。

ですから、2人で働いて厚生年金に加入する人がかなり出てくることが予想されるので、その分年金額も増えるでしょう。2人で働けば、なんとかなるのです！

年金は何歳からもらうのがおトク？

年金は、基本的には65歳からもらえますが、希望すれば、60歳から75歳の間で、好きな時にもらいはじめることができるようになっています。

65歳より早くもらいはじめることを「繰り上げ受給」といい、65歳より後にもらいはじめることを「繰り下げ受給」といいます。

65歳より早くもらう「繰り上げ受給」では、支給時期が65歳よりも1カ月早まるごとに年金額が0・4％減額されます。通常は65歳にもらう年金を、60歳からもらいはじめるので、65歳からもらいはじめるよりも24％（0・4％×12カ月×5年）支給額が減るということです。**65歳で月10万円の年金をもらう人なら、60歳でもらいはじめると、支給額が月7万6000円に減ってしまう**ということです。

逆に、65歳よりも遅くもらう「繰り下げ受給」では、支給時期が1カ月遅くなるごとに年金額が0・7％ずつ加算されます。70歳からもらいはじめると、42％（0・7

%×12カ月×5年）支給額が増えます。**65歳で月10万円もらう人なら、70歳まで支給を遅らせると、70歳から死ぬまで月14万２０００円もらえる**ということ。

75歳から年金をもらうとすると、84%（0・7%×12カ月×10年）支給額が増えます。**65歳で月10万円もらう人なら、75歳まで支給を遅らせると、死ぬまで月18万４００円の年金をもらえる**ということです。

では、実際には何歳からもらいはじめたらいいのでしょうか。

年金は、死ぬまでもらえるものなので、長生きすればするほどたくさんもらえるというのが基本です。そして、いつまで生きられるかは、「神のみぞ知る」ですが、男性の平均寿命は81・64歳、女性は87・74歳。

ただ、たくさん年金をもらっても、それを楽しく使えないと意味がありません。介護の必要がなく健康的に生活できる「健康寿命」というものがありますが、これは、男性が72・68歳、女性が75・38歳。ですから、75歳から増えた年金をもらっても、もしかしたら楽しく使うことができないかもしれません。

こうしたことを念頭に、自分がいつから年金をもらうかを考えてみましょう。

子供にはしっかり自立してもらう

政府の調査では、求職活動も家事の手伝いも通学もせずに自宅にいる満15歳から満39歳までの人が増えているのだそうです。

家から一歩も出ない人は約17・6万人。普段は家にいるが、自分の趣味に関することだけ出歩く人は36・5万人で、合計すると54・1万人いるそうです。

病気やけがなら、治るまで親が面倒を見てあげなくてはなりませんが、そうでなければ、子供が自分で生きていく力を身に付けさせないと、将来は、親も子供の面倒を見きれず、共倒れになってしまう可能性があります。

そうはいっても、引きこもりの子供を、無理やり外に出すのは難しい。だとしたら、**せめて家にいてもいいからお金を家に入れさせてください。**3万円でも5万円でもいいので、最低限の稼ぐ力を身に付けさせましょう。

今は、インターネットの世界にも、稼げる仕事がたくさんあります。たとえば、「クラウドソーシング（crowd sourcing）」。ネットを通して不特定多数の人（crowd）に業務委託（sourcing）するマッチングサイトで、仕事をやってほしい企業と仕事をやりたい人の出会いの場となっています。

世界最大の「クラウドソーシング」は「Upwork（アップワーク）」というサイトで、約1000万人の人が登録し、約400万社の企業が仕事の発注をしています。日本にも、クラウドワークスやランサーズなど、たくさんのサービスがあります。コロナ禍でリモートワークが進む中、人と会うのが煩わしいという人にとって働く環境ができつつあるのです。

また、**外に出て働くにしても、深夜のガードマンやトイレ掃除など、人に会わずに黙々とできる仕事はあります。**こうした仕事で少し生きる自信がついたら、ハローワークなどを通して、もう少し人と接する仕事を探すといいでしょう。49歳以下の方であれば、厚生労働省の委託を受けたNPO法人や企業が、就職支援をしている「地域若者サポートステーション」という施設も利用できます。

第2章
いつまで働けば安心？

そういえばさ〜
オレ、今年から
役職定年だろ？
だからさ…
ホラ あの…
えぇ〜っ
そんなに
給料が減るの!?
ガックリ
声が
大きいよ…
7万円ほど
減った
しかも
年下の部下だった人が
上司になって
ちょっと気まずい
んだよな〜
センパイ
見習って
ビシビシ
いきますよ
あら〜
ワウワウ
パパさ
気をつけたほうが
いいよ
うちの会社にも
部長職を
役職定年になった
おじさんが
いるんだけど
私、あの人
嫌い！
オイオイ
無能の
集まりか
ここは！
威張ってるだけ
なんだもん
ドキッ
あ
先生
今
ドキッと
しましたね

大企業ではそのほぼ半数が「役職定年制度」を導入しているんですよ
だいたい50代後半か60歳までの間で設定してますよ
企業
こんなに給料が〝下がる〟とはね…
ショック
追い打ちをかけるようですが役職定年になると退職する年齢によって失業保険や年金、退職金が変化するから注意が必要なんですよ
役職あり
役職手当
役職定年後
役職手当
ああヤダ
返して一
公的年金って平均標準報酬月額といって現役時代の平均賃金から算出されますからね
平均賃金が低くなったから年金額も低いよ
年金
役職定年良いのか悪いのか

だから…
役職定年で給料が下がり
役職手当
なし!
雇用延長でさらに下がり
基本給
わぁぁ
減給
給料半分!?
これに伴い退職金や年金も減る
年金
退職金
ストレスで髪も減る…
という負のスパイラルに陥る可能性があります
あ〜 たすけて〜
こんな負のスパイラルにならないために役職定年をしたら副業をしましょう
奥さんがパートをするっていうのもいいですね
私!?

なんか自信ないです…
オレも…頑張って働いても負のスパイラルなんて…
それなら早めにリタイアしたい…
もー
魂
いいえ！
活！
できるだけ働くべきですよ！
うんうん
もちろん生涯収支表がプラスになるならそれほど働かなくてもいいけれど
プラスなんて！
めっそーもない！
それにおトクな新制度だってありますし
おトクな制度!?
ピクッ
せんべい
その名も「在職定時改定」
これまでは65歳以降に働いて納めた保険料は会社をやめた後や70歳以降に受け取る年金に上乗せされていました
65歳以降納めた年金
どんっ
年金
バリバリ
それが

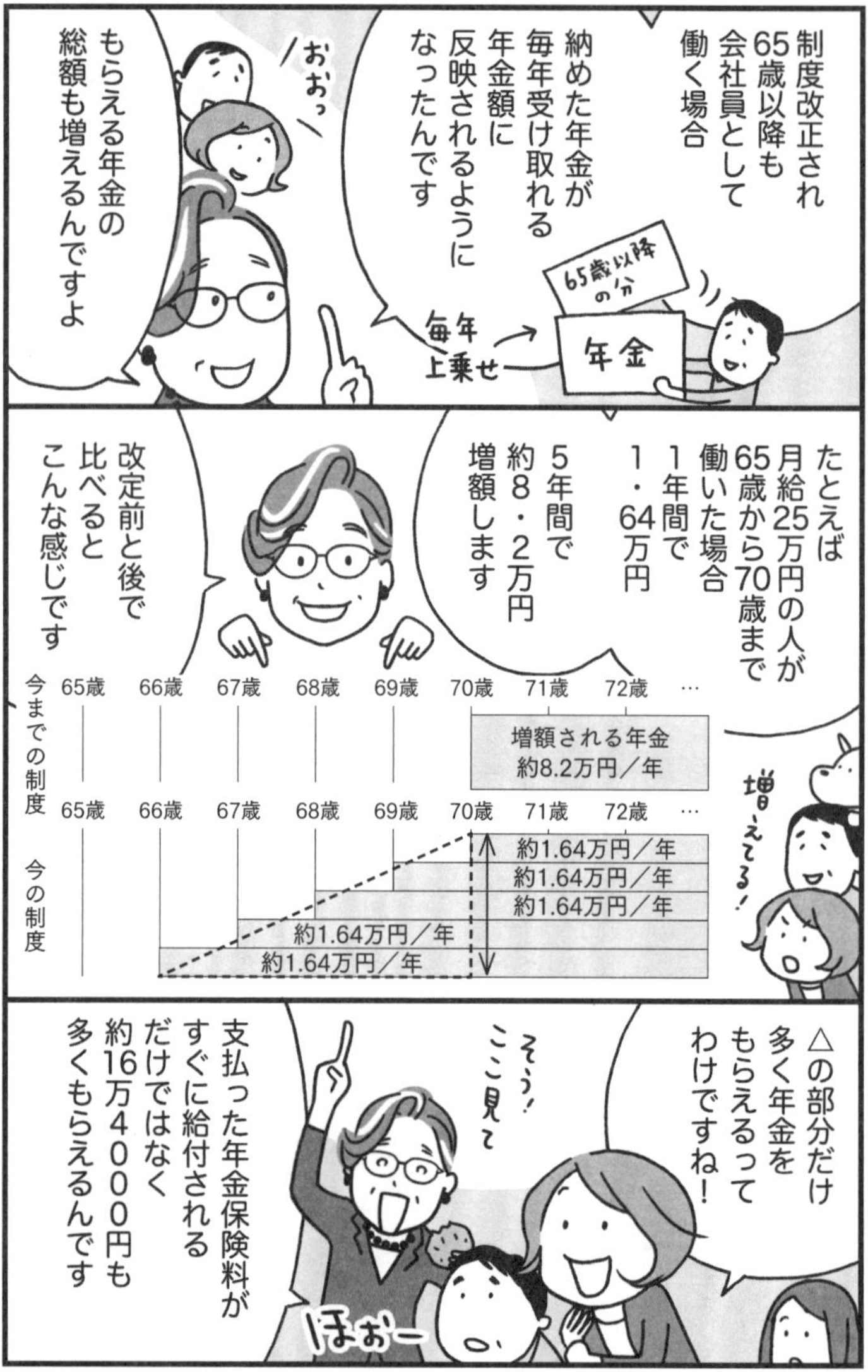
制度改正され65歳以降も会社員として働く場合
納めた年金が毎年受け取れる年金額に反映されるようになったんです
65歳以降の分
年金
毎年上乗せ
おおっ
もらえる年金の総額も増えるんですよ
たとえば月給25万円の人が65歳から70歳まで働いた場合1年間で1・64万円 5年間で約8・2万円増額します
改定前と後で比べるとこんな感じです
増えてる!
今までの制度
65歳 66歳 67歳 68歳 69歳 70歳 71歳 72歳 …
増額される年金
約8.2万円/年
今の制度
65歳 66歳 67歳 68歳 69歳 70歳 71歳 72歳 …
約1.64万円/年
約1.64万円/年
約1.64万円/年
約1.64万円/年
約1.64万円/年
△の部分だけ多く年金をもらえるってわけですね!
そう!ここ見て
支払った年金保険料がすぐに給付されるだけではなく約16万4000円も多くもらえるんです
ほぉー

それなら
オレも
まだまだ
頑張らなきゃ
な～
よし！
え？
あなたが
70歳まで
働くなら
私もパートに
出て働くわ
夫婦とは助け合うもの
お……おまえ……どうしたの？
今まで
専業主婦
だったから
不安っちゃ
不安だけど
ポチ
確か
パートで働くなら
103万円まで
っていうけれど
……って
ことは
ポチ
毎月
8万5000円
くらい働けば
いいってことか
時給1000円として…
うむ！
ちょっと
待って！
その常識は
もう古い

103万円の壁は150万円までにズレています
ですから奥さんが働くなら頑張って稼げるだけ稼いだほうがいい
へー
え？
もう103万円の壁なんてない！
ポイ
ポイ
103
働けば働くほど手取りが増える
フルで働かないといかんなー
ただし働き方によっては
106万円の壁
130万円の壁
どすっ
というのがあるのでここは注意したほうがいいわね
壁がふたつも？
それって何？

うん！お前が働くならオレも役職定年だなんてしょげてはいられないな
ドン！
ゴホゴホ
ゴホ
不安…
以前は副業がダメという会社が多かったけれど今は国も副業を奨励しています
OK!
OK!
国
企業
週休3日制だけでなく週休4日という会社も出てきていますしね
休みが多いと給料も下がるし
二足のわらじはあたりまえ！
老後のために副業しよう
オー！
何足でもはくぞー！
10000
10000
10000
休
副業か……
副業できるスキルなんてあるかなオレ……
この間まで部長だったけどそれだけか…
頼りない……
そんなものよ
ますます不安…
資格を取っておくのもいいですね
大人になってから学ぶのは案外楽しいものよ
頑張ってみようかな

給料は右肩下がりになる時代

今の年金受給者の中には、戦後の高度成長期からバブル期にかけて、日本経済が右肩上がりの中で生きてきた方が多くいらっしゃいます。

入社した時には給料は低かったものの、高度成長の波に乗って給料も右肩上がりに上がり、役職定年などもなかったので高い給料を基準に退職金をもらい、年金ももらっているので、悠々自適な生活を楽しんでいるという方も多いことでしょう。

しかも、まだ地価も安かったので、買ったマイホームが値上がりして資産になったという方もいるかもしれません。

ところが、バブルの頃に就職した今の50代は、バブルがはじけて給料が右肩下がりになっただけでなく、年功序列で上がつかえているのでなかなか出世できない。やっと出世したと思ったら、50歳を過ぎると役職定年の嵐が吹き荒れて給料が下がる。60歳で定年になると、下がった額を基準に退職金が支給され、60歳から雇用延長を申し

込むと、その時点でさらに給料が下がる。そして、下がった給料をベースに年金が支給される。

しかも、まだ地価の高い時に長期のローンを組んでマイホームを購入しているので、人によっては年金生活をしながら、住宅ローンを支払わなくてはならない人もいます。

かなり大変な50代に比べて、その子供たちはどうかといえば、すでに年功序列も終身雇用もない世代で、雇用の流動化も進んでいます。あまり固定概念に縛られず、正社員で就職しても、辞めて派遣社員として働く、フリーランスで働くという人も多くなっています。

しかも、20代、30代は、インターネットなどのスキルを持っている人が多いので、自分1人食べていくならなんとかなりそうだと思っている人は多い。また、女性がかなりしっかりと働いていることでダブルインカムになっているので、父親が1人で稼ぐ親世代よりも余裕がある人たちもいます。

ただ、だからといって、親を養うゆとりまではない。内閣府の「高齢者の現状及び今後の動向分析についての調査報告書」(平成22年)では、親への仕送りをしている人は、全体の約1・4%と、かなり少数派でした。

「70歳まで働く」ことがあたりまえになる日も近い

2021年4月から、従業員が望めば70歳まで働ける会社が出てきています（改正高年齢者雇用安定法）。

現在は、本人が希望したら、会社は65歳まで雇わなくてはならない義務があります。ですから、会社員の場合には、希望すれば65歳までは働けることが保証されています。ただし、給料に関しての規定はないので、多くの会社では60歳になると給料がかなり下がることは覚悟しておかなくてはならないでしょう。

会社が従業員を65歳まで雇うというのは義務ですが、2021年4月から、ここにさらに**努力義務として「できれば70歳まで雇用してくださいね」というのが加わりました。**

これは、今のところは「努力義務」なので、本人が希望すれば必ず70歳まで雇わなくてはならないということではありませんが、いずれこの「努力義務」も「義務」になっていく可能性が高いので、40代、50代で会社勤めを続けるなら、70歳まで働くことを視野に入れておいたほうがいいかもしれません。

また、**年金をもらいながら働く場合、60歳から65歳まで働く人は**、以前は月の年金の額が1カ月28万円を超えると年金が一部カットになっていました。これが、2022年4月からは**47万円を超えるまでカットされないことになったので、ほとんどの方は稼げるだけ稼いでも年金はカットされない**ようになっています。

加えて、**65歳以上の人が厚生年金保険料を支払いながら年金ももらって働く場合、払った保険料が、すぐに年金額に反映される**ことになりました。

こうした状況を見ると、高齢者になっても働き続けられる環境が整いつつあるということです。つまり、働けるだけ働きましょうということです。

その裏には、現在65歳の年金支給年齢が、70歳まで引き上げられるかもしれないという厳しい現実もあります。こうした現実に、今からしっかり備えていきましょう。

会社を辞めるか、残るかは早めに決めておく

今、会社にこのまま残って働いたほうがいいか、それとも会社を辞めて新しいことを始めたほうがいいか、迷っている人は多いのではないでしょうか。

多くの人は、60歳が近づくと慌てて「会社に残るか辞めるか」を考えはじめますが、時間がないとより良い選択ができなくなる可能性があります。

ですから、**早めに決めて、第二の人生の準備をしておきましょう。**

その際にしっかりと考えておいたほうがいいのは、現実的な観点から、この会社にいたほうがトクなのか、辞めて新しいことを始めたほうがトクなのかということです。

まず、会社にいることのメリットとデメリットを、1枚の紙に書き出してみましょう。なぜ、1枚の紙かといえば、1枚に書くと、状況が見えやすくなるからです。

《会社に残るメリット例》

・仕事を失うリスクがなくなり、収入が確保できる
・「厚生年金」「健康保険」に加入できるので、社会保障が手厚い
・有給休暇や各種休暇など、勤続年数で取れる休みがたくさんある
・慣れた仕事の延長で、今のスキルでやっていけるので楽だ
・企業が有名企業なら、娘が結婚する時や金融機関からお金を借りるのに有利

《会社に残るデメリット例》
・役職定年などで、先付け給料が下がる
・役職定年で、かつての部下の下で働かなくてはならなくなるかもしれない
・会社が傾いたら、会社と一蓮托生の人生になる危険性がある
・調子のいい嫌いな同僚が、自分よりも出世していくのがたまらなく嫌だ
・50代なら転職できても、60代になると転職も起業もできなくなりそうだ

一例ですが、こうやって実際に書き出してみると、漠然と考えているよりも現状認識がしっかりできて、自分が本当はどうしたいのかが見えてくるはずです。

会社に勤めているうちにスキルアップをしておく

会社を辞めて、第二の人生に進みたいと思った場合、後先を考えずに辞めても、今よりいい待遇が待っているとは限りません。

中途採用する側は、即戦力となる高い技術を身に付けた人を求めています。

ですから、会社勤めの人は、会社を辞める前にしっかりとスキルを身に付け、採用されやすい人材になっておかなくてはいけません。

スキルを身に付ける時に考えなくてはいけないのは、今まで自分はどんなことをしてきて、何が得意かということ。得意なことをバージョンアップし、身に付けた技術を鍛え直すほうが、新しいことを一から始めるよりも、短時間で高いスキルを身に付けられるからです。

そのために、**会社員でいるうちに「教育訓練給付制度」を上手に使いましょう。**

「教育訓練給付制度」とは、国に一部受講費用の負担をしてもらいながら、厚生労働大臣指定の教育訓練講座でスキルが身に付く制度。簿記の資格を取るとかITの技術を身に付けるとか、内容はかなり多岐にわたっています。

どんなスキルが身に付けられるのかは、詳しくはハローワークで調べていただくといいですが、**受講してこれを修了すると、受講にかかった費用の20%（4000円以上、上限10万円）を戻してもらえます。**

たとえば、簿記の資格を取るために20万円かかったとしたら、受講後に領収書と教育訓練修了証明書を発行してもらってその他書類とともにハローワークに申請すれば、20%にあたる4万円が支給されます。

この制度は、通算で3年間以上雇用保険に加入していれば使えます。ただし、はじめて使う方は、雇用保険に1年以上加入していれば使えます。次からは、3年に一度は使えるということです。また、会社を辞めても離職後1年以内なら利用することができます。

「教育訓練給付制度」の対象となっている資格は、どちらかというと多くの人が取りやすいものになっています。ですから、もっと専門的なスキルが身に付けたいという場合には、専門的なコースもあります。

より専門的なコースには「特定一般教育訓練」があり、介護支援専門員など特定の職種の資格を取ると、受講費用の40％（上限20万円）が支給されます。

さらに、２０１４年10月からは、従来の制度のほかに「専門実践教育訓練」というコースができました。

これは、さらに専門的な知識を身に付けるためのコースで、年間56万円を上限に、かかった費用の最大70％が支給されます。

しっかり会社勤めしながらこのコースで資格を取るというのは難しいですが、最近は、会社も週休３日制や、中には週休４日などというところも出てきています。また、長い間会社に勤めているという人なら、有給休暇もかなり利用できるのではないでしょうか。

こうしたものをフル活用しながら、ゆくゆくは専門家としての技術をしっかり身に付け、会社を離れても大丈夫なようにしておきましょう。

まずは、現在の自分が持っている技術を見直し、プランを練ってみましょう。

詳しくは、最寄りのハローワークへ問い合わせてください。

教育訓練給付制度の種類と給付率

教育訓練の種類	専門実践教育訓練	特定一般教育訓練	一般教育訓練
給付率	最大で受講費用の70%［年間上限56万円・最長4年］を受講者に支給	受講費用の40%［上限20万円］を受講者に支給	受講費用の20%［上限10万円］を受講者に支給

教育訓練別指定対象講座

専門実践教育訓練	特定一般教育訓練	一般教育訓練
①業務独占資格などの取得を目標とする講座		
▶業務独占資格・名称独占資格の取得を目標とする講座 例：介護福祉士、社会福祉士、精神保健福祉士、看護師、保健師、助産師、美容師、理容師、歯科衛生士、保育士、調理師など	▶業務独占資格・名称独占資格・必置資格の取得を目標とする講座 例：介護職員初任者研修、介護支援専門員、大型自動車第一種・第二種免許、税理士、社会保険労務士など	▶公的職業資格・民間職業資格などの取得を目標とする講座 例：中小企業診断士、司書、英語検定、簿記検定など
②デジタル関係講座		
▶ITSSレベル3以上の情報通信資格の取得を目標とする講座 ▶第四次産業革命スキル習得講座（経済産業大臣認定）	▶ITSSレベル2以上の情報通信資格の取得を目標とする講座 ※ITSSレベル3かつ訓練時間が12時間未満のものを含む	▶左記以外の情報通信資格の取得を目標とする講座
③大学院・大学・短期大学・高等専門学校の課程（①②に該当するものを除く）		
▶専門職大学院の課程 ▶専門職大学・専門職短期大学の課程 ※大学・短期大学の専門職学科の課程を含む ▶職業実践力育成プログラム（文部科学大臣認定）	▶職業実践力育成プログラム（文部科学大臣認定） ※短時間（訓練時間が60時間以上120時間未満）のもの	▶修士・博士の学位などの取得を目標とする課程
④専門学校の課程（①②に該当するものを除く）		
▶職業実践専門課程（文部科学大臣認定） ▶キャリア形成促進プログラム（文部科学大臣認定）	▶キャリア形成促進プログラム（文部科学大臣認定） ※短時間（訓練時間が60時間以上120時間未満）のもの	

出典：厚生労働省ホームページ

勤めながら副業をする

今まで日本では、長い間多くの会社で副業が禁止されていました。けれど、終身雇用や年功序列がなくなりつつある中で、給料も上がっていかない時代に突入しています。

こうした状況の中で、会社以外で働いて収入を得ることを解禁する企業や、奨励する企業も出てきています。

国も2018年1月から、国の「モデル就業規則」から副業禁止を削除し、会社の副業を容認しています。

会社員の副業として手頃なのは、インターネット上の副業です。副業を勧めるサイトもたくさんあります。

ただ、気を付けなくてはいけないのは、こうしたものの中には「副業詐欺」も少なくないこと。LINEやTwitter、Instagramなど、SNSを使って儲けを前面に打ち出すような詐欺です。

避けたいのは、最初に登録料などを取るもの。現金と交換できるポイントがもらえる仕組みも、ポイントがいつまでも換金できないケースがあるので注意しましょう。また、「スマホでクリックするだけで数万円」などという甘い言葉で誘うものの多くは、詐欺だと思ったほうがいいでしょう。

メールやYouTubeなどで「月商1億円の稼ぎ方を教えます」などとやたらに高額をアピールするサイトがありますが、メールアドレスなどの個人情報を教えてしまうと、5万円も10万円もする高額セミナーを売りつけてくるものも少なくありません。

副業と似た言葉に「複業」があります。

「複業」の場合には、副業のように本業があってサイドで稼ぐのではなく、メインもサイドもなく、仕事をいくつか掛け持ちします。

ちなみに、2022年1月からは、**65歳以上なら、「複業」でいくつかの会社に勤める場合、1社では雇用保険の加入条件が満たせなくても、2社合わせて条件をクリアすれば、雇用保険に加入できる**ようになっています。

お金がもらえる休みはフルに使う

これまで働く人の「権利」だった「有給休暇」が、2019年4月から、罰則付きの「義務」になりました。「有給休暇」を年間10日以上取る「権利」がある人に対して、会社は、年間5日以上の「有給休暇」を取らせないと、働く人1人につき30万円以下の罰金を支払わなくてはならなくなったのです。

もし、1年間に「有給休暇」を10日以上持っているのに使わない従業員が10人いたら、最大で300万円の罰金ですから、経営者にとってはかなり痛い出費になります。

ところが、この新しくできた法律を知らない経営者も多く、今年1月に日本商工会議所が公表した調査によると、「有給休暇」取得が雇用主の罰則付き「義務」になったのを知らない経営者が24・3%もいました。特に、中小企業では知らない経営者が多く、従業員50人以下の企業だと、知らないという経営者が約3分の1以上いました。

そもそも「有給休暇」とは、労働基準法第39条で認められている、休んでも会社がお金を払ってくれる休暇です。

正社員が「有給休暇」を取れることは多くの方が知っていると思いますが、パートでも有給休暇を取れることはあまり知られていないようで、パート本人でも知らない人が多くいるようです。

パートも正社員同様に、年間10日以上の「有給休暇」が取れるのに取らせていなかったら、雇っている側は、罰則の対象となります。

では、パートで「有給休暇」を取れるというのは、どんな人でしょう。

正社員は、会社に勤めて6カ月以上経ち、出勤日数の8割以上働いていれば、年間10日の「有給休暇」を取れます。この「有給休暇」は、その後1年継続して働くごとに増えて、6年6カ月を過ぎると年間20日になります。

パートでも、正社員同様に働いている人は、正社員と同じ日数の「有給休暇」が取れます。しかも、フルタイムでは働いていないパートでも、6カ月以上継続して働いていれば、日数は減りますが「有給休暇」を取れます。

週に4日働いているパートだと、働いて6カ月過ぎれば年間7日間の「有給休暇」

が取れ、その後、長く働くごとに日数が増えて、3年6カ月を過ぎると、年間の「有給休暇」は10日になります。そうなると、前述の「義務化」の罰則対象です。

週に3日働いているパートは、働いて6カ月過ぎれば年間5日間の「有給休暇」が取れ、その後、長く働くごとに日数が増え、5年6カ月を過ぎると、年間の「有給休暇」は10日になり、前述の「義務化」の罰則対象となってきます。

ただし、週1回と週2回働くパートについては、「有給休暇」は長期で働いても10日を超えないので罰則の対象とはなりません。

中小企業などでは、自分が休めば周囲に迷惑をかけるということで、本人が「有給休暇」を返上して働いているケースが少なくありませんが、本人の意思とは関係なく、雇用主は「○日から○日の間に、5日以上の有給休暇を取ってください」と日にちまで指定し無理やりにでも取らせないと、罰則の対象となります。

もちろん、こうした法律ができたことを知らなかった経営者には、いきなり「罰金」ということにはならず、指導や是正勧告があると思いますが、それについても心しておいたほうがいいでしょう。

年5日以上の年休取得義務化の対象労働者と年次有給休暇の付与日数

（網掛け）＝年5日以上の年休取得 義務化の対象労働者

週30時間以上または週5日以上の場合（正社員など）の付与日数

勤続年数	6カ月	1年6カ月	2年6カ月	3年6カ月	4年6カ月	5年6カ月	6年6カ月
付与日数	10日	11日	12日	14日	16日	18日	20日

週30時間未満で、週1～4日の場合の付与日数

勤続年数 ／ 労働日数(※)	6カ月	1年6カ月	2年6カ月	3年6カ月	4年6カ月	5年6カ月	6年6カ月
週4日（年169～216日）	7日	8日	9日	10日	12日	13日	15日
週3日（年121～168日）	5日	6日	6日	8日	9日	10日	11日
週2日（年73～120日）	3日	4日	4日	5日	6日	6日	7日
週1日（年48～72日）	1日	2日	2日	2日	3日	3日	3日

※年所定労働日数

出典：厚生労働省データをもとに著者が作成

人手不足が顕著な中小企業にとっては、社員に休まれると、仕事が回らなくなって困るケースも出てきますから、会社としっかり話し合って、できるだけ忙しい時には休むことを避けながら、余裕ができた時にしっかり休めるように、あらかじめ年間のスケジュールを立てておいたほうがいいかもしれません。

103万円の壁は150万円まで後退した

これからは、家族みんなで働いて稼がないと、悠々自適な生活は望めない時代となっています。ですから、子育てが終わったなら、妻も働きに出たほうがいいでしょう。ただ、今まで専業主婦をしていた人だと、働くことに抵抗があるかもしれません。その抵抗感を払拭するためには、「なぜ働くのか」という目標を、自分の中で明確にしておいたほうがいいでしょう。

そのために大切になってくるのが、36ページの「資産の棚卸し」です。

これを夫婦でしっかりやってみると、「我が家は住宅ローンがまだたくさん残っている」とか「現金が少ない」などという欠点が見えてくるはずです。こうした欠点は、なるべく減らしておいたほうが老後は豊かになります。

とはいえ、会社勤めのご主人は、給料が決まっているので収入を上げるというのが難しい。そこで、奥さんの出番ということになります。

妻がパートで働く時には、気を付けなくてはいけないことがあります。
以前は、サラリーマンの妻や青色申告、白色申告の事業従事者でない自営業者の妻は、年収が１０３万円以下なら、夫の所得から38万円の配偶者控除を差し引くことができ、１４１万円までなら配偶者特別控除も使えました。

しかも、年収が１０３万円になると、所得税も支払わなくてはならないので、収入が１０３万円にならないように働く人が多くいました。これが「１０３万円の壁」。

ところが、この「１０３万円の壁」が、２０１８年から、１５０万円まで大幅に後退しました。

妻が１５０万円まで稼いでも、夫の合計所得金額が９００万円以下の場合、夫は38万円の配偶者特別控除を使えるようになったのです。さらに、１５０万円を超えても、２０１万円以下なら、配偶者特別控除がつくようになりました（夫の年収が１２２０万円まで）。

ですから、しっかり稼いで家計の欠点を克服し、老後を安定させる。そういう目標を妻が持てれば、働く意欲も湧いてくるのではないでしょうか。

130万円以上稼ぐと妻は夫の扶養から外れる

妻が働くなら、配偶者控除が使える「103万円」の壁は「150万円」まで後退しているので、気にしなくてもよくなっているというのは、先述したとおりです。

ただ、気を付けなくてはいけないのが、サラリーマンの妻の場合、「150万円」の前に「130万円の壁」が大きくそびえていることです。

これは、「税金」ではなく「社会保険料」の壁です。

自営業者の妻は、もともと自分で国民年金、国民健康保険の保険料を支払っていますが、**サラリーマンの妻は、パートの収入が129万9999円までなら夫の扶養に入っている**ので、国民年金、国民健康保険の保険料を、自分では一銭も支払わなくても、病気やけがをしたら国民健康保険が使えるし、将来は、年金をもらうこともできることになっています。

ところが、この**妻の収入が130万円になったとたんに、妻は夫の扶養から外れ、**

それまで払わなくてもよかった年間約25万円の国民年金保険料、国民健康保険料などを、自分で支払わなくてはならなくなります。

ですから、サラリーマンの妻でこれまで自分では国民年金や国民健康保険の保険料を払わなくても加入できていた人は、その負担が増えるので注意しましょう。

また、２０１６年10月からは、パートでも週20時間以上、賃金８万８０００円以上（年収約１０６万円以上）、勤務期間が１年以上の人は、会社の社会保険に入らなくてはならなくなりました。

２０１６年のスタート時点では、対象が従業員数５０１人以上の企業でしたが、２０２２年10月からは従業員数１０１人以上の企業が対象になります。さらに、２０２４年10月からは51人以上の会社が対象になりますから、かなりの人が年収１０６万円を超えると、社会保険料の負担が増えるのではないかと思います。

会社の社会保険制度に加入すれば、将来もらえる年金額が増えるし、病気やけがで休んでも手厚い保障がありますが、その分手取りが減るという人も多いです。

第3章 保険はどうする？

でも
不安だから
みんな入っているから
という理由で加入している人があまりにも多すぎるんです
ギクッ
チッチッチッ

出典:生命保険文化センター「生命保険に関する全国実態調査」(2021年度)

そうね～ あなたの ところも
どうですか ドキドキ
保険 入りすぎね
パサッ
や やっぱり…
典型的な ダメパターンよ
もしかして 保険で貯金できる って思ってない？
そんなー
保険の おばさんは
貯金に なりますよ～
って言って ましたよ
それに なんだか不安で……
これからは 貯金するなら 現金で！ 保険に入るなら 必要なだけ 掛け捨てで！
ビシィッ
ヒイッ
会社の 健康保険に加入して 保険料を払ってるから ほとんどの病気は カバーできるの！
大病を患っても 「高額療養費制度」 のおかげで 思ったよりも お金がかからないのよ
保険治療で かなりのものが OK!
健康保険
そうなんですか

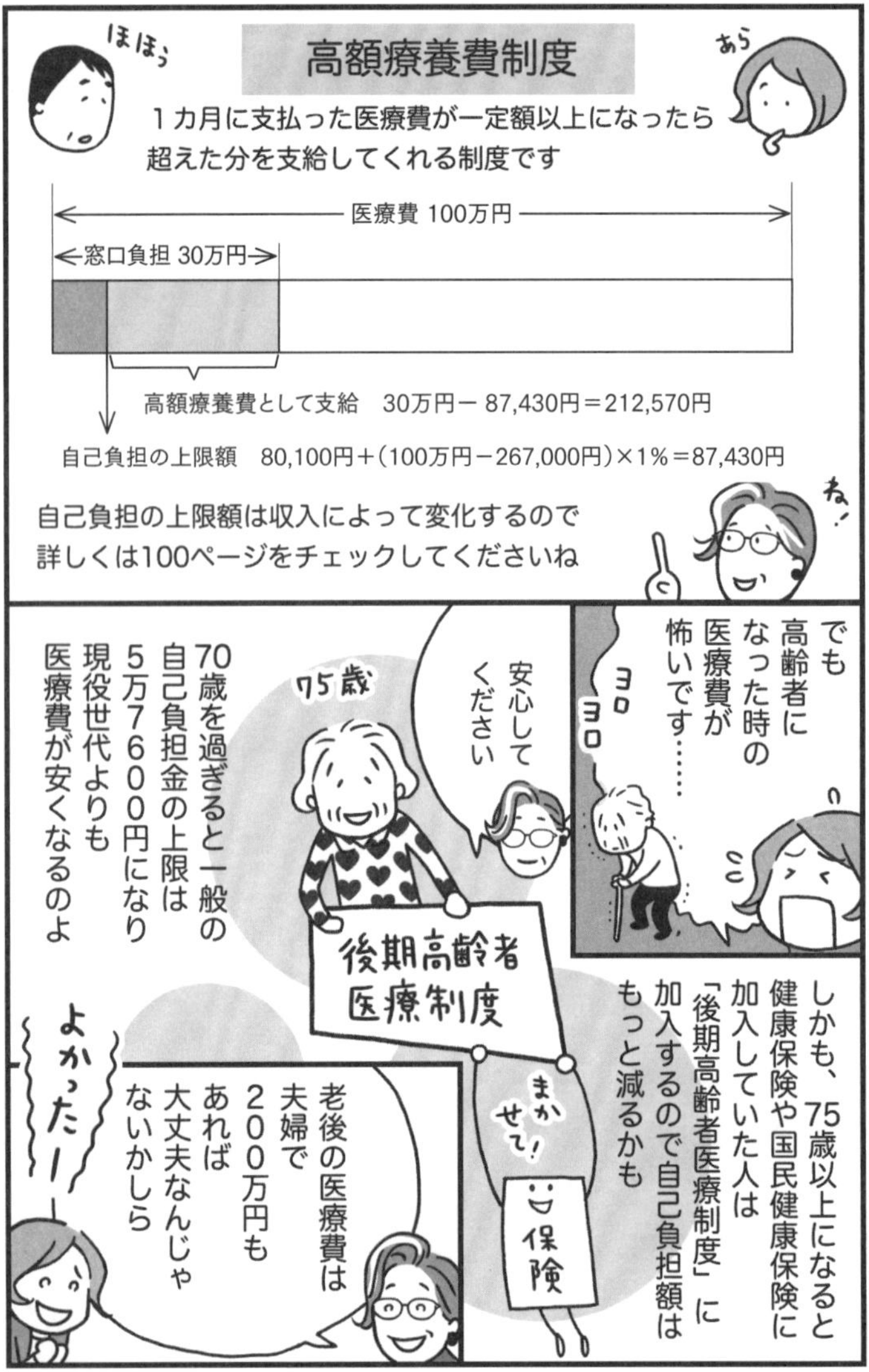

ほほう
高額療養費制度
あら
1カ月に支払った医療費が一定額以上になったら
超えた分を支給してくれる制度です
医療費 100万円
窓口負担 30万円
高額療養費として支給　30万円－87,430円＝212,570円
自己負担の上限額　80,100円＋(100万円－267,000円)×1%＝87,430円
自己負担の上限額は収入によって変化するので
詳しくは100ページをチェックしてくださいね
ね!
でも高齢者になった時の医療費が怖いです……
ヨロヨロ
安心してください
75歳
後期高齢者医療制度
70歳を過ぎると一般の自己負担金の上限は5万7600円になり現役世代よりも医療費が安くなるのよ
しかも、75歳以上になると健康保険や国民健康保険に加入していた人は「後期高齢者医療制度」に加入するので自己負担額はもっと減るかも
まかせて!
保険
老後の医療費は夫婦で200万円もあれば大丈夫なんじゃないかしら
よかったー!!

でも、お父さんが会社に行けなくなったらどうしよう
病気
ケガ
ひどいケガ…
そのためには生命保険は必要ですか？
いえいえ会社員なら「傷病手当金」として給料の3分の2が出ます
休みます
了解
2/3
会社
しかも、生命保険は入院しないとお金は出ませんが「傷病手当金」は病院に行かずに自宅療養していてもお金が出るんです
給料30万円だったら
30万円
2/3
1カ月に20万円支払われる
これならちょっとパートに出ればOKかな？
さらにすごいのは今までは「病気になってから」1年6カ月が対象でしたが2022年の1月からは「通算」で1年6カ月となったこと
がんの手術で1カ月休み
←
回復したので3カ月出社
←
具合が悪くなり2カ月休み
←
よくなって6カ月出社
←
また悪くなり3カ月休む
通算6カ月
まだ1年分「傷病手当金」は残ってます
この手当てから足りない分だけ生命保険に入ればいいんですよ
私は国民健康保険だからナイのね
大黒柱じゃないから大丈夫

また
退職後に入る健康保険は
4種類あって
どこに入るかで
結構差も出るんですよ
1. 家族の健康保険の被扶養者になる
若い！ or 公務員
奥さんが年下で
会社員や公務員だったら
かなりおトク！
2. 特例退職被保険に入る
在職中と同じくらい
保健事業
受けられるか
企業が特例退職被保険を
やっているかチェック！
3. 健康保険の
任意継続被保険者になる
被保険者の
条件をクリアしてるかな
4. 国民健康保険に加入する
国保
年収に応じて
保険料
払ってネ
多くの人が
1、2、3と4の順で
保険料が安くなります
ただ
それぞれ加入には
条件があるので
チェックしてください
退職後は
加入を急がなければ
いけません
なんたって
5日しか猶予が
ない保険も
あるんです
事前に
どの保険にするのか
比較検討して
おくことを
お勧めします
なぁあるホド！
焦って
ソンしない
ようにね
わかったフリ
するんだから

とはいえ介護費も心配なんです
ホェ〜
いつか夫がこんな風に
介護費は1人あたり600万円程度といわれています
ん？想像よりも少ないわ
「高額介護サービス費制度」「高額介護合算療養費制度」を上手に活用すれば介護費は抑えられますよ
要介護度1〜5
1割 2割 3割 自己負担どれくらい？
介護レベルや収入によって自己負担額は変わるのでまずは自分がどこに該当するかチェックしましょう
見落とされがちだけど親の介護費も医療費控除の対象ですよ
家族全員の医療費を合算して1年間で10万円を超えた分が所得控除になります
医療費で10万円を超えなくても親の介護費を加えると10万円超えるケースも出てきそうですよね
夫 3万円
薬
妻 2万円
娘 1万円
息子 3万円
ゴホゴホ
私らの医療費や薬代介護費用も忘れずにまとめて申告してね
薬

こんなにも公的保険が充実しているのに日本人は生命保険に入りすぎていると思うの
50、60代は90%以上が生命保険に加入しているんですよ90歳でも2人に1人は生命保険に入っているの！どうしてなの!?
見てー！
会社に保険のオネーさん来るからつい…
だって不安ですもん
遺族年金があるからもしもの時でも大丈夫ですよ
そんなに不安にならないで
……遺族年金？
年金には老後に受け取れる年金のほかにも色々あるのよ
その1つが遺族年金
国民年金または厚生年金保険の被保険者または被保険者であった方が亡くなった時に
大黒柱
たっしゃでな～
遺族年金
その方によって生計を維持されていた遺族が受けることができる年金です
でも、我が家の子供は18歳を過ぎているから対象外!?

(%)

	2021（令和3）年度
全体	89.8
29歳以下	70.2
30～34歳	90.7
35～39歳	89.4
40～44歳	93.2
45～49歳	94
50～54歳	93
55～59歳	94.8
60～64歳	92.4
65～69歳	93.8
70～74歳	88.2
75～79歳	85
80～84歳	80.2
85～89歳	67.5
90歳以上	52.2

出典：公益財団法人生命保険文化センター
「2021（令和3）年度生命保険に関する全国実態調査」

保険加入の大前提は自分で調べること。セールスマンに相談しては絶対にダメです
この保険オススメです♥
調べるっていってもイヤーハハハ♥
保険ってすごく難しそうで……

保険選びのポイントはこの２つよ！

① まず、保障額を確認

・死亡時に保険金をいくら残せばいいか

・病気やけがで入院したら、給付金がいくらあれば困らないか

会社に行けないわね〜
イテデ〜っっ
グイグイ

② インターネットで掛け捨て保険を

今から入るなら、保険は掛け捨てで。
それも、経費が安いインターネット上の保険を比べて一番安いところにしましょう

ずっと払っていける保険料じゃないとね
ここならOKかな
D社
C社
B社
A社

なるほどこれなら自分でも決められるかも
早速検討しましょ
わかりやすい
自分で決めるのが一番！
2人ともしっかりね！
保険
みんなの保険

保険に入る前に公的な「社会保険」をチェック！

日本人は、やたらに保険に入りすぎているといわれています。

そこで見落とされているのが、日本は国民皆保険であるということ。誰もがすでに公的な「社会保険」に加入して、高い保険料を支払っているのです。

左ページの表は、50代のAさんの給与明細書ですが、ここでは健康保険料、介護保険料、厚生年金保険料、雇用保険料の４つの保険で、トータルで月に７万５９５５円も「社会保険料」を支払っています。

Aさんの場合、所得税、住民税の合計は3万２４５４円ですから、なんと税金の２倍以上の「社会保険料」を支払っているということです。

しかも、「社会保険料」というのは労使折半なので、実際には会社が同じだけの保険料を負担しています。この分も合わせると、月に15万１９１０円もの「社会保険料」を国に納めているということです。

50代Aさんの給与明細書

2XXX 年 X 月　給与明細書				XXXX 様	
			2XXX 年 X 月 XX 日支給	XXX 株式会社	
勤務	労働日数	欠勤日数	有給日数		
	19日	0日	1日		
支給	基本給	役職手当	残業手当		
	300,000	150,000	50,000		
		通勤費			支給額合計
		10,000			510,000
控除	健康保険	介護保険	厚生年金	雇用保険	社会保険計
	24,750	3,925	45,750	1,530	(75,955)
	所得税	住民税			控除計
	12,000	20,454			108,409
			差引支給額	401,591	

労使折半というと、「それは会社が払っているので自分とは関係ない」と思うかもしれませんが、会社は慈善事業をしているのではないので、「社会保険料」を負担する分、福利厚生を削ったり、給料を上げなかったり、ということになります。

ところが、こうした「社会保険料」は、給与天引きになっているために、払っている感覚がないというのが実態です。

これは、なんとももったいない話です。

多額に支払っている「社会保険料」を無駄にしないためにも、公的保険の保障を理解し、民間の生命保険の保障額を減らすことを考えましょう。

がんになっても9割が公的保険で治療している

「健康保険」や「国民健康保険」に、毎月、山のような保険料を支払っていることはわかったけれど、「国の保険は財政も赤字だというし、しっかりした治療をしてくれるのかしら」と思っている方も多いようです。

そこで、「やはり、民間の保険のほうが頼りになるのではないか」と民間保険にたくさんの保険料を支払っている人もいるようです。

しかし、その認識は変えたほうがいいかもしれません。

たとえば、民間の生命保険会社が盛んに宣伝している「先進医療」。この治療は、「健康保険」「国民健康保険」の対象外なので治療費はすべてが自己負担です。そのため、民間の保険に入りましょうと宣伝しています。

けれど、「先進医療」とは、厚生労働大臣が定める一定の基準を満たした先進的な医療ではありますが、こうした治療も有効性が国に認められれば、「公的医療保険」

の仲間入りをします。つまり、安全性の確保など様々なことを考慮すると、すべての病院で受け入れられる一歩手前にある治療なのです。

ですから、もし、どこの病院でも扱えるようになれば、「公的医療保険」の対象となります。たとえば、**以前は全額自己負担だった、治療に何千万円もかかる「オプジーボ」や「キムリア」のような高価な薬も、今は「公的医療保険」の対象になりました。**歯のインプラント治療なども、一般の歯科医院で行われるインプラント治療は自由診療で全額自己負担ですが、生まれつきの疾患や腫瘍、病気の場合、事故による外傷などがひどい場合などは、「公的医療保険」の対象となっています。

つまり、**「先進医療」とは、「公的医療保険」の予備軍のような治療法。**

ちなみに、一般的に治療費がかかると思われているがんでも、9割の方は「健康保険」「国民健康保険」で治療しています。しかも、次ページで説明するように、安い金額で治療しているのです。

そういう意味では、**日本は国民皆保険で、病気になっても誰もが良質な治療をしてもらえる国**なのだということは、しっかりと覚えておいたほうがいいでしょう。

「高額療養費制度」で医療費の自己負担はかなり減る

「高額療養費制度」とは、かかった医療費が一定額以上になったら、超えた分を払い戻してくれる制度です。

日本では、働いている人は医療費が3割負担ですから、入院して月に100万円の医療費がかかったとしたら、30万円が自己負担ということになっています。

ただ、実際に30万円支払うのかといえば、そうではありません。自己負担は3割の月30万円でも、普通の収入の人（年収約370～約770万円）なら、90ページのマンガにあるように、実際の負担額は8万7430円ですみます。

ですから、**病院の窓口でいったん30万円を支払っても、「高額療養費制度」で請求すれば、約21万円を戻してもらえるのです。**

あらかじめ限度額適用認定証で手続きをしておけば、請求しなくても窓口で8万7430円を払えばそれでいいということになります。

「高額療養費制度」の上限は、収入によって変わります。たとえば、医療費3割負担の人でも、年収が約370万円未満なら、100万円の治療費がかかっても自己負担は8万7430円ではなく、5万7600円になります。かかった医療費が100万円であろうと500万円であろうと、定額で5万7600円以上はかかりません。さらに、住民税非課税の人なら、どんなに多額に医療費がかかっても、月3万5400円以上は自己負担がないようになっています。

70歳以上になると、さらに自己負担は減ります。

今は、多くの病院が、手術をしても1週間から10日くらいで退院させます。ただ、中には長期入院して、入院費が膨大になることを恐れている方もいらっしゃることでしょう。

入院が長期化した場合でも、「高額療養費制度」があれば安心です。入院が長引く人のためには、4カ月目からは支払い金額の上限が下がるからです。103ページの表の中で〈多数回該当〉とあるのは、4カ月目からの金額。つまり、長期入院する人は、「高額療養費制度」で、その分自己負担が減るということです。

たとえば、3割負担の人が、月100万円かかる入院を続けているという場合、1～3カ月までは毎月8万7430円ですが、4カ月目からは、毎月4万4400円に下がるので、100万円の治療を半年間続け、実際には600万円の治療をしたとしても、本人が自己負担する分は39万5490円ですみます。


「高額療養費制度」は、家族で何人か病気の人が出ても安心な制度です。同じ保険なら、家族合算といって、みんなの医療費負担額を足し合わせた後に「高額療養費制度」を適用できるからです。たとえば、年収約370万円未満の75歳以上のご夫婦が入院してそれぞれが月100万円の治療を受けたとしても、2人合わせて「高額療養費制度」が使えるので、普通の収入なら2人合わせて5万7600円の自己負担ですむということです。

ただし、入院の食事代や個室を頼んだ場合の差額ベッド代などは保険の対象にはならずに自己負担になるので、当然ではありますが「高額療養費制度」は使えません。

高額療養費患者負担割合および自己負担限度額

（平成30年8月～）

		負担割合	月単位の上限額（円）
70歳未満	年収約1160万円～ 健保：標報83万円以上／国保：旧ただし書き所得901万円超	3割	252,600＋（医療費－842,000）×1％ 〈多数回該当：140,100〉
	年収約770万～1160万円 健保：標報53万～79万円以上／国保：旧ただし書き所得600万～901万円		167,400＋（医療費－558,000）×1％ 〈多数回該当：93,000〉
	年収約370万～770万円 健保：標報28万～50万円以上／国保：旧ただし書き所得210万～600万円		80,100＋（医療費－267,000）×1％ 〈多数回該当：44,400〉
	～年収約370万円 健保：標報26万円以下／国保：旧ただし書き所得210万円以下		57,600 〈多数回該当：44,400〉
	住民税非課税		35,400 〈多数回該当：24,600〉

			外来（個人ごと）	上限額（世帯ごと）
70歳以上	年収約1160万円～ 健保：標報83万円以上／国保・後期：課税所得690万円以上	3割	252,600＋（医療費－842,000）×1％ 〈多数回該当：140,100〉	
	年収約770万～1160万円 健保：標報53万～79万円／国保・後期：課税所得380万円以上		167,400＋（医療費－558,000）×1％ 〈多数回該当：93,000〉	
	年収約370万～770万円 健保：標報28万～50万円／国保・後期：課税所得145万円以上		80,100＋（医療費－267,000）×1％ 〈多数回該当：44,400〉	
	～年収約370万円 健保：標報26万円以下（※1）／国保・後期：課税所得145万円未満（※1）（※2）	70～74歳 2割（※3）	18,000 年14.4万（※4）	57,600 〈多数回該当：44,400〉
	住民税非課税	75歳以上 1割	8,000	24,600
	住民税非課税 （所得が一定以下）			15,000

※1　収入の合計額が520万円未満（1人世帯の場合は383万円未満）の場合も含む。
※2　旧ただし書き所得の合計額が210万円以下の場合も含む。
※3　平成26年4月1日までに70歳に達している者は1割。
※4　1年間のうち一般区分または住民税非課税区分であった月の外来の自己負担額の合計額について、14.4万円の上限を設ける。

出典：厚生労働省ホームページ

病気で会社を休んでも最長で1年6カ月「傷病手当金」がつく

病気やけがで会社を休むと、収入がなくなって不安なので生命保険に入っているという人も多いようです。

けれど**会社員なら、病気やけがで会社を休んでいる間、給料の3分の2が「傷病手当金」として健康保険から支給されます。会社員だけでなくパートでも、「健康保険」に加入していれば、「傷病手当金」の対象となります。**

使える期間は、最長で1年6カ月。会社をけがや病気で連続して3日（待期期間）休むと、4日目から対象となります。

たとえば、病気で1カ月会社を休んだとすると、1カ月（30日）から待期期間の3日を引いた27日が支給の対象となります。給料が30万円だと、1日約1万円ですから、27日分で27万円の3分の2、つまり月18万円が「健康保険」から支給されます。

2021年7月までは、1つの病気になってから1年6カ月が給付対象でした。その間に、病気が回復して出社したり、再発して休んだりということを繰り返しても、こうした期間も含めての1年6カ月でした。

これが、2022年1月からは、**休んだ期間だけがカウントされるようになりました。会社に復帰して働いた期間は除かれます**から、がんのように再発の恐れがあり、会社を休んだり出社したりを繰り返す病気でも、「傷病手当金」でしっかり経済面はカバーされるようになりました。

公的保険の「傷病手当金」と民間保険はこんなに違う！

公的保険の「傷病手当金」と民間の保険を比べると、大きく3つの違いがあります。

①保険会社の「入院給付金」は、入院しなくてはお金が出ません。ただし、新型コロナは、医者の診断書があれば自宅待機でも給付金を出す生命保険会社が多いです。

一方「**傷病手当金**」は、**入院しなくても会社を休んだ日数で給付金が出ます。**

②保険会社の「入院給付金」は、1つの入院につき最長で6カ月の給付で、最近は2

カ月が限度というものも多くあります。一方「傷病手当金」は、病気やけがで会社を休んだら最長で1年6カ月まで給付金が支給されるので、長く手厚い保障が続きます。最近は、会社での人間関係やストレスなどで、「うつ病」などの精神的な病気になるという人も増えていて、こうした病気だと完治するまでに時間がかかるので、民間の保険では補いきれないかもしれません。

③民間の保険は、保険の種類によってはがんとか女性特有の病気とか、保障の対象が絞られているものもありますが、「傷病手当金」は、こうした病気の縛りがありません。

また、1年6カ月の給付期間を過ぎて「傷病手当金」がもらえなくなってしまっても108ページで詳しく書いていますが、「公的年金」には「障害年金」がありますから、認定されれば、「うつ病」のような長期的な治療が必要な病気もカバーされます。

民間の「就業不能保険」は待機期間が長い

最近は、病気などで働けなくなった時に備えて、民間の「就業不能保険」「所得補償保険」「収入保障保険」といった保険に入る人も増えています。

たとえば、「就業不能保険」なら、入院していなくても、働けない状況ならあらかじめ契約していた毎月一定額が給付されます。

ただし、就業不能になったからといってすぐに支払われるわけではなく、60日後、180日後など待期期間があり、その間に回復していないという医師の診断書が必要です。また、「うつ病」のように自宅療養が長引く精神疾患は基本的には対象外です。「うつ病」も対象という商品もありますが、保険料が10倍近く上がります。

「就業不能保険」「所得補償保険」「収入保障保険」の保険料は、そんなに安くありません。だとすれば、民間の保険に入る前に、公的な保険でどれくらいの保障が受けられるのかを見て、それでも足りないという分だけを民間の保険で補うという考え方をしたほうがよさそうです。

自営業者の強い味方「障害基礎年金」

「公的年金」で、老後にお金をもらうものということは多くの人が知っています。けれど、「公的年金」の役割は、それだけではありません。

障害を負ったら「公的年金」の「障害年金」が支給されます。

支給される金額は、障害の度合いや家族構成、サラリーマンの場合にはもらっているお給料などによっても変わります。

「障害基礎年金」の対象となる障害の度合いには、1級と2級があり、1級は座っていることができないような重い障害で、2級は座ったり立ち上がったりはできるけれど歩けないといったやや重い障害です。目に見える障害だけでなく、脳や心臓、肝臓などの疾患やうつ病、統合失調症などの精神的な疾患なども対象に含まれます。

2級の場合、自営業者で子供がいなければ月6万円ちょっと、子供が2人いたら月

10万円程度の「障害基礎年金」が支給されます。

サラリーマンは、もらっている給料（平均標準報酬月額）や加入年数によっても金額は違ってきますが、たとえば給料が25万円だったら、子供がいなければ月約10万円、子供が1人なら月約12万円、子供が2人いれば月約14万円が、「障害がある」と認定されている間は支給されます。給料が月に35万円なら、25万円の給料の人の金額に約2万円を上乗せした額、給料が月に45万円なら、25万円の給料の人の金額に約4万円を上乗せした金額が支給額の目安です（妻がいる場合）。


「障害基礎年金」で支給される金額は、自営業者よりもサラリーマンのほうが多くなっています。

また、サラリーマンには「傷病手当金」（詳しくは104ページ）という頼れる武器がありますが、**自営業者には「傷病手当金」がありません。**

ですから、まずは「障害基礎年金」が使えないかチェックしてみましょう。

「障害基礎年金」は、自営業者にとっては強い味方となりますが、もしこれでは足りないということになったら、民間保険で補うことも考えましょう。

「遺族年金」で家族の生活は守れる

大黒柱の夫が他界したら、残された家族が路頭に迷うかもしれないので、生命保険に加入するという方も多いようです。

ただ、本当にご主人が他界したら、生命保険なしでは生きていけないのでしょうか。

そこで覚えておきたいのが、「公的年金」には、老後にもらう「老齢年金」だけでなく、障害を受けた時に給付される「障害年金」、加入者が他界した時に、残された家族が路頭に迷わないように考えられた「遺族年金」があるということです。

たとえば、サラリーマンのご主人が他界し、小さな子供2人と専業主婦の奥さんが残されても、「遺族年金」があります。加入年数やもらっていた給料にもよりますが、これがあれば、子供が18歳になるまで月々15万円前後が支給されます。

ご主人が住宅ローンを組んでいるご家庭では、ご主人が亡くなると、たいていはローンを組んだ時に加入した団体信用生命保険と相殺されて残債がなくなります。つま

妻子ある夫が死亡した場合の遺族年金給付額

		夫が自営業者	夫が会社員		
			平均標準報酬月額		
			25万円	35万円	45万円
		遺族基礎年金	遺族基礎年金＋遺族厚生年金		
子供のいる妻	子供3人の期間	月額約10.8万円（年額1,306,500円）	月額 約14.2万円（年額1,707,293円）	月額 約15.5万円（年額1,867,610円）	月額 約16.8万円（年額2,027,927円）
	子供2人の期間	月額約10.2万円（年額1,231,500円）	月額 約13.6万円（年額1,632,293円）	月額 約14.9万円（年額1,792,610円）	月額 約16.2万円（年額1,952,927円）
	子供1人の期間	月額約8.3万円（年額1,006,600円）	月額 約11.7万円（年額1,407,393円）	月額 約13.0万円（年額1,567,710円）	月額 約14.4万円（年額1,728,027円）

出典：日本年金機構のデータをもとに計算

り、住宅ローンがなくなった家に住み、月々15万円前後の「遺族年金」を子供が18歳になるまでもらえます。

自営業者の場合には、サラリーマンに比べると額は少なくなりますが、それでも、月々10万円くらいは支給されます。サラリーマンと違って、奥さんが家業を継いで働くこともできるかもしれませんし、店をたためば店の敷金などが戻ってくるかもしれません。

また、**夫が65歳以上で他界してしまった時も、妻に夫の遺族年金が出ます。**夫の給料にもよりますが、自分の年金と夫の「遺族年金」を合わせると13万円前後にはなりますから、なんとか食べていけるのではないでしょうか。

専業主婦の妻が死んでも、残された家族に「遺族年金」が出る

大黒柱の夫が、幼い子供たちを残して亡くなったら「遺族年金」が出ることはおわかりいただけたでしょう。

では、専業主婦の妻が他界した場合、「遺族年金」は出るのでしょうか。

幼い子供を残して専業主婦だった妻が他界しても、残された夫は、年収が850万円未満なら、子供が18歳になるまで、月10万円前後の「遺族年金」をもらうことができます。

幼い子供たちを抱えて妻に先立たれると、ベビーシッター代や家事代行代などが心配ですが、子供が18歳になるまで月10万円くらいの「遺族年金」が出るので、家計はかなり助かります。

子供の教育費は大学まで行くなら1人1000万円必要

ここまでは、生命保険はそれほど必要ないという話をしてきました。けれど、子供

が育ってくると必要になることも出てきます。それは、大黒柱の父親が死んだ後に、子供が大学に進学したいと言った場合です。

ユネスコの調査によれば、日本は、国や地方自治体が「教育費」をあまり出さない国で、2015年の公的教育費対GDP比ではなんと113位。OECD加盟国の中では、最低水準です。

国や地方自治体がお金を出さない分、各ご家庭の負担は大きくなっていて、国民政策金融公庫によれば、高校と大学に通わせる費用は、子供1人について約1000万円を家庭が負担しているとのことです。

住民税非課税世帯など、収入が少ない家庭に対しては、返さなくてもいい給付型奨学金もあるので、チェックしましょう。

ご主人が他界しても、残された家族は「遺族年金」と奥さんのパート代で、なんとか食べていくくらいはできるかもしれませんが、奥さんの細腕では、1人1000万円もの教育費まで稼ぐのは難しいでしょう。ですから、その分は生命保険に加入しておくと安心です。必要なのは子供が社会人になるまでなので、社会人になったらその分の保障は削ってもいいでしょう。

「掛け捨て保険はもったいない」はもう古い

生命保険は、保険加入者からお金を集め、集めたお金をその年に死んだ人や入院した人にあげるというもの。つまり、自分の命や健康をかけた「くじ」のようなものです。

ですから、いくらたくさんお金をかけても、自分がピンピンしている限り、払った保険料は、その年に不幸な目に遭った誰かのところに配られて終わります。

ただ、普通の「くじ」と違うところは、同じ年齢、同じ性別の人がグループになって「くじ」を引くところ。男性と女性とでは女性のほうが長生きし、老人と若者では若者のほうが長生きするので、同じ性別、同じ年齢でグループをつくるのです。

そして、もしその年にグループの中で誰も不幸な目に遭わなければ、その時には、配当というかたちで、みんなから集めたお金を戻して終わります。

こう書くと、「私の保険は満期にお金が戻ってくる貯金代わりなので、掛け捨ての『くじ』ではない」と言う方もいらっしゃるでしょう。

確かに、貯蓄型の保険は、掛け捨てではなく、将来払った保険料が戻ってきます。けれど、これは、掛け捨ての「くじ」を買いながら、同時に一方で自分のお金を貯金しているようなものだと考えればわかりやすいでしょう。

この貯金部分については、加入時に約束された利回り（予定利率）で運用されています。そして、加入時に約束された利回りは、その保険の契約が終わるまで続きます。たとえばバブルの頃に終身保険や個人年金保険などの貯蓄型の保険に加入している人は、運用利回りが５・５％と、今では考えられないような高金利で運用の約束をしていて、この利回りが低金利の今でも続いています。

一方、**低金利の今、貯蓄型の保険に入ると、運用利回りは０・３％ほど。増えないばかりか、手数料で目減りしてしまい、貯金になりません。**

ですから、**昔入った貯蓄型の保険は解約せずに大切に。これから保険に入る人は、掛け捨てで、必要な保障だけを買いましょう！**

第4章

お金はどうやって貯める?

出典：金融広報中央委員会「家計の金融行動に関する世論調査」
［二人以上世帯調査］（平成19年〜令和2年）

まあ キリギリス並みに 遊んだから 後悔はないんだ けどさ
これからは アリみたいに コツコツ 貯金しなきゃ いけないかあ
バブル 知ってる
アリほど 働けるかな
時代は 貯蓄から投資
ひょっこり
ですよ！
私、花咲銀行の 槍手と 申します
名刺でございます
ヤリテさん…
サッ
サッ
サッ
奥さんには 「iDeCo《イデコ》」
ご主人には 「NISA《ニーサ》」が お勧めです！
iDeCoとは 老後に向けて 毎月一定額を あらかじめ選んだ 投資商品で 運用していくもの
簡単にいうと 投資信託の 積み立て
国内株式
海外債券
国内債券
海外株式
はぁ…

主なメリットは　～3つの節税～
・掛金は全額所得控除
（所得税、住民税が安くなる）
・運用益も非課税
・受け取る時も大きな控除
掛金も、利益も受け取る時もぜーんぶ非課税!
フーン
節税…イイわね
うっとり…
でも…
こういうのってリスクがあるんでしょ
そういう奥さんには定期預金もありますよ
定期
フン!
ちょっと待った
先生!
節税、節税っていうけれど
奥さん税金払ってます?
ちょっ…
ちょっ…
えっ専業主婦なので払ったことないけど

税金は払った範囲内でしか戻ってこない
税金を払っていない人は節税もへったくれもない！
あそっか！
しかも、銀行の定期預金と違ってiDeCoで預けた定期預金からは銀行によっては年に3000円くらいの口座保管料が引かれますよ
こっちも仕事ですから〜
銀行
ちょっ
それじゃやればやるほど損をするの⁉
10000
10000
10000
iDeCo
でも、私ならこれからずっと税金を払い続けていくんだから
節税効果はバッチリ使えそう
確かに加入期間が長いと節税効果も上がりますが
でも、預けたお金は60歳になるまで出せませんよ
ろくじゅう？
まだ20代よ！
いいの？
ちょっ

自分のお金なのに40年近く出せないってこと？
結婚資金のためでも？路頭に迷っても？
顔をお直ししたくても？おなかの肉を取りたくても？
はい60歳まで出せません！
ワシなら70歳を過ぎておるからいつでも出せるじゃろう
ね！
ぐわー！
意味ねー!!iDeCo
そのオデコってヤツ？
iDeCoの加入は65歳未満の方までなのでおじいちゃんはそもそも入れません
iDeCo
バッサリ！
僕、iDeCo始めてしまったんですけど……
兄さんそんなことやってるんだ
それなら1つ注意していただきたいのは退職金を受け取る5年以上前にiDeCoを引き出すこと！
先に退職金を受け取ってしまうと15年経たないと退職所得控除枠が使えないんです
ほえ〜
やっぱり何も知らずに加入…

それではお兄さんNISAはいかがでしょうか
やりにくいな〜
NISA
NISA口座で投資商品を買えば値上がりしても税金を払わなくてすみますよ
ニーサ？外国の人かな？
……
たとえば
利益50万円
A商品150万円
up!
A商品100万円
でも利益には20%の税金がかかる
この税金10万円がナシ！丸取りになります！
10万円も節税できれば俺のへそくりもどんどん増えていく〜
んっ
ちょっと待って！
投資というのは増えることもあるけれど減ることもありますよ
買った時より減っていたら損するかも
100万円
Down
50万円
ひぇ〜っ
そっか！株だもの！

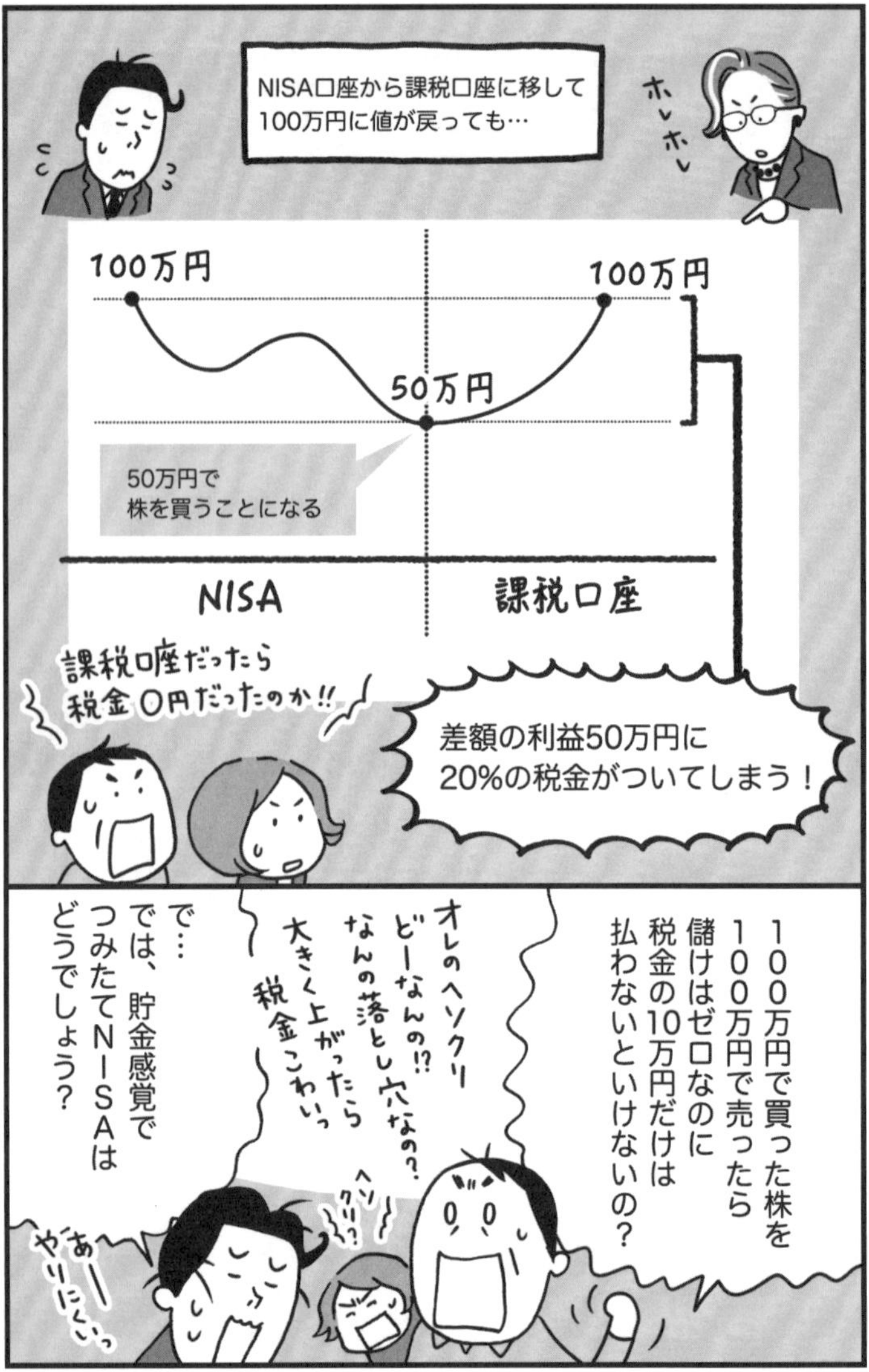
NISA口座から課税口座に移して
100万円に値が戻っても…
ホレホレ
100万円
100万円
50万円
50万円で
株を買うことになる
NISA
課税口座
課税口座だったら
税金0円だったのか!!
差額の利益50万円に
20%の税金がついてしまう！
100万円で買った株を
100万円で売ったら
儲けはゼロなのに
税金の10万円だけは
払わないといけないの？
オレのヘソクリ
どーなんの!?
なんの落とし穴なの？
大きく上がったら
税金こわいっ
ヘソクリ〜？
で…
では、貯金感覚で
つみたてNISAは
どうでしょう？
あーやりにくいっ

メリットは、こんなかんじ。
・運用非課税（20年間も非課税！）
・いつでも引き出しOK！
・国が商品を厳選してくれている
これなら結婚資金として貯めても引き出せるのでいいかも
ハワイで挙式 ドバイに新婚旅行
ただデメリットもありますよ
ハワイ挙式は？ ドバイは？ 石油王は？
・投資できる商品が限定されている
・投資商品なので
リーマンショックのようなことが来ると
目減りするかもしれない
結婚どころか…
この草おいしそう♥
ってことに…
何があるかわかりませんからね
みんな大変だね 僕は、預けるお金もないから気楽
じゃボク彼女んちに行ってきまーす
お前はキリギリス生活やめてまず貯金しろ！
貯金するなら花咲銀行へ！
ハーイ

貯金するならお勧めは「社内預金」

「お金を貯めるのは苦手」と思っている人は多いようです。

50代の平均貯蓄は1194万円で、この数字だけを見るとかなり貯金がありそうですが、金融広報中央委員会の「家計の金融行動に関する世論調査」（令和元年）を見ると、世帯主が50代の21・8%が貯蓄ゼロなのだそうです。21・8%といえば、約5世帯に1世帯ですから、けっして珍しくはないということです。

「お金を貯める」には、コツがあります。それは、「貯まる仕組み」をつくること。そして、その「貯まる仕組み」については、左記の①から④まで、順番に検討していかなくてはいけません。

①社内預金
②財形貯蓄

③給与振込口座のある銀行で自動積立
④自営業者は、振込口座に一定額の生活費を残す

なぜ、社内預金が一番かといえば、「お金を貯める」には、忘れていてもふと気づいたらお金が貯まっていたという、「貯まる仕組み」を最初につくっておかなくてはいけないからです。

その「貯まる仕組み」の中でも、**金利が一番高いのが「社内預金」。社内預金の金利は、最低でも0・5%以上と決まっています**（労働基準法第18条第4項の規定に基づく省令）。銀行金利が0・001%という超低金利であることを考えると、なんとこの500倍です。しかも、1回だけ積み立ての手続きをしておけば、あとは忘れていてもストップするまでお金が積み立てられていきます。

「社内預金」がない会社にお勤めの方は、会社に「財形貯蓄」がないか聞いてみましょう。

「財形貯蓄」は、外部の金融機関と提携して積み立てをしていくので、金利は預ける

金融機関の金利と同じ。ただ、「社内預金」と同じように給与天引きなので、気がついた時にはしっかりお金が貯まっています。

「財形貯蓄」には、「一般財形」「住宅財形」「年金財形」の3つがあり、利息から引かれる税金が少し違いますが、今は低金利なので、どれに預けても大きな差はありません。ですから、**一番預けやすい「一般財形」にするといいでしょう。**

もし、会社に「社内預金」も「財形貯蓄」もない方は、給料が振り込まれる銀行の口座で、給料が振り込まれた翌日くらいに自動積立をしていくといいでしょう。そうすれば、給与天引きと同じ効果で、忘れていても貯金が貯まっていきます。

あくまで積み立ては、給与振込口座となっている銀行で行い、ほかにもっと金利の良い銀行があっても、そこで積み立てようなどとは思わないこと。

金利が良い銀行にお金を移すのは、1回や2回は苦にならずにできるかもしれませんが、面倒なので長続きしません。途中で1回でも休んでしまうと、そこでせっかくの積み立てが頓挫してしまう可能性が高いです。

ですから、あくまで「知らない間に貯まっていた」にこだわりましょう。

自営業者は、どうやってお金を貯める？

自営業者は、サラリーマンのように、毎月一定の給料が振り込まれるわけではないし、社内預金や給与天引きや給料振込口座からの積み立てもできません。お金があればパッと使い、なければ食費を削るなどということをしている人が少なくありません。

でも、それではお金は貯まりません。**まず仕事でお金が振り込まれる口座と生活口座を分けましょう。そして、生活口座には、毎月決まった日に給料のように決まった額の生活費を移し、その範囲内で生活しましょう。**

そして、仕事の口座に余っているお金を、できるだけ貯金していくといいでしょう。

中には「こんな低金利では、お金を貯めても増えないから意味がない」と言う人もいます。でも、そもそもお金がない人には、低金利も高金利も関係ありません。

金利をとやかく言えるのは、ある程度のお金を持っている人。

理想は、今のような低金利の中でしっかりお金を貯めて、気がついたら高金利になっていて、貯めたお金を高金利で預け直して有利に増やすことです。

収入の1年分の現金は持っておく

「投資をしなさい」と、国を挙げて奨励していますが、その前にしておかなくてはいけないことがあります。それは、**少なくとも収入の1年分の貯金を、投資商品ではなく現金で持っておくことです。**

新型コロナ禍で、多くの企業が人を解雇しました。しかも、こうした状況に追い打ちをかけるように、物価高やロシアのウクライナ侵攻による資源高で、原料費が高騰し、業務停止や廃業に追い込まれる企業が出てきています。

不幸なことに、こうしたところにお勤めの方は、突然職を失うという状況に陥っています。

ただ、失業しても、会社で雇用保険に加入していれば、失業保険が給付されます。失業保険では、賃金の50%から80%を、働いていた年数や年齢によって支給されます。支払われる日数は、会社都合か自己都合かで違いますが、会社をクビになった人で、

30歳未満、勤めて1年未満なら90日分の給付。45歳以上60歳未満で勤めて20年以上なら、330日間の失業給付が受けられます。

ですから、クビになっても長く勤めている方は最長で1年近く失業保険を受けられるということです。

ただ、会社が解雇しなくてはならないほどの深刻な経済変化が起きると、次の仕事を探すのはかなり大変かもしれません。そんな時に、収入の1年分の現金があれば、失業保険と合わせて2年くらいは余裕を持って職探しができるはずです。

自営業者やフリーターは、仕事がなくなっても失業保険が使えるケースはまれで、手持ちのお金で食いつながなくてはならないので、もう少したくさん貯金が必要かもしれません。

現金でなく投資商品だと、会社が傾くほどの激変時には、暴落している可能性があります。その時、**現金がなければ、暴落した投資商品を二束三文でも売らなくてはいけないかもしれません。**

ですから、投資をしたいという人も、その前に、まず収入の1年分くらいの現金を確保し、イザという時に路頭に迷わないようにしておかなくてはいけないのです。

投資の前に借金返済するほうが確実でおトク

イザという時のために収入の1年分の現金が確保できたら、それ以上あるお金は、何に使えばいいのでしょうか。

まず、借金がある人は、投資などせず、迷わず借金を返済しましょう。

キャッシングのように10％という高金利の借金はもちろんですが、住宅ローンのような低金利の借金でも、長く借りると支払う利息はバカにならないからです。

今、手元に100万円あったら、住宅ローンがある人は、そのお金を住宅ローンの繰り上げ返済に回したほうが、投資するよりも有効です。住宅ローンについては5章で詳しく述べますので、ここでは少し違う角度から、長期の借金について見てみましょう。

なぜ、**住宅ローンを早く返したほうがいいのかといえば、マイホームが資産になら**

ない時代になっているからです。

特にマンションの場合には、どんどん新しいマンションが出てくるので、買ったマンションの値段は加速度的に落ちていきます。3000万円で買った新築マンションも、1日住めば中古物件ということになりますから、都心の一等地のような良い立地条件でなければ、その時点で2000万円くらいに価値が落ちます。

さらに住めば住むほど価値が落ちていき、10年も住めば買った額の半値以下になっています。

一方、住宅ローンのほうは、10年返しても、せいぜい600万円くらいしか返済額が減っておらず、2400万円ほど返済額が残っています（金利2％、35年返済）。

長い人生では、何が起きるかわかりません。もし、何らかの理由で10年経ってマンションを手放さなくてはいけなくなった時に、買った時の半額の1500万円でマンションが売れたとしても、手元にはただただ900万円の借金だけが残ることになります。

そんなことにならないように、なるべく早く繰り上げ返済して、借金の重荷を軽くしておくべきでしょう。

奨学金も借金です！

借金といえば、カードローンや住宅ローンを思い浮かべる人が多いようですが、意外に思うかもしれませんが、「奨学金」も借金です。

しかも、**子供が借りた「奨学金」が、親の老後まで脅かす状況が出てきています。**

昔は、日本育英会などで「奨学金」を借りて学校を卒業しても、返済は今ほど厳しくありませんでした。けれど今は、返済が3カ月以上滞ると、債権が日本学生支援機構から民間の債権回収会社に回り、電話や文書だけでなく債権回収会社が直接自宅を訪問し、督促を行っています。

さらに、**滞納が3カ月を過ぎると個人信用情報機関に滞納記録が載せられてしまう**ので、実質的にはブラックリスト入りしてしまいます。そうなると、金融機関などへの就職は難しくなるケースも出てくるでしょう。

もちろん、経済的に困窮した場合には返済期限を猶予してもらうこともできます。けれど、この適用期間は通常は通算で10年。2018年現在で猶予を受けている人は、のべ約10万人もいます。この子供たちは、返済できないとどうなるのでしょうか。

実は、「奨学金」という借金で人生を狂わされているのは、子供たちだけではありません。2012年から2016年度までの間に、**「奨学金」で自己破産した件数は8108件、そのうち連帯保証人が破産しているのは5499件、保証人が破産している件数は1731件です。**「奨学金」の連帯保証人や保証人になっているのは、ほとんどが親や親戚です。

借りた本人が自己破産などして返せなくなると、債務は連帯保証人や、叔父、叔母などの保証人に移ります。

この場合、債務を引き受けた父母も自己破産をして免責を申し出れば、借金はなくなりますが、そのためには家や土地は処分され、99万円を超える現金は没収されます。さらに、20万円を超える車や宝石などの価値を有する財産も没収されますから、親は老後に無一文で放り出されることになりかねません。

そんなことのないように、子供にも借金をしっかり返すよう言い聞かせましょう。

「iDeCo」をやっていい人、いけない人

「iDeCo《イデコ》」は、積立型の投資で運用したお金を、60歳になったらもらうという個人年金制度。金融庁の「iDeCo」のページを見ると、「『人生100年時代』が到来し、長期化する老後にそなえ、まず、ご自身の公的年金の状況を確認し、さらに、退職金や企業年金も含めて老後の資金を考えてはいかがでしょうか」と書かれていています。そこで登場するのが「iDeCo」で、3つのメリットが書かれています。

①掛金が、全額所得控除になる
②利息・運用益が非課税で再投資される
③受け取り時も、一定額まで税金の優遇がある

ただ、メリットばかりの金融商品などはありません。

実は、「ｉＤｅＣｏ」には、しっかりと押さえておかなくてはならない大きなデメリットが2つあります。

①60歳になるまで、引き出せない
②投資商品なので、目減りする可能性がある

節税効果が大きなメリットなので、**節税する必要がない専業主婦や収入が少ない人には関係ありません。**「60歳になるまで、引き出せない」という大きなデメリットがあるので、**今は儲かっていても、いつ不況が来てお金が必要になるかわからない自営業者には、あまりお勧めできません。また、不況になると給料が減ったりクビになったりする可能性があるサラリーマンも、辞めたほうがいいでしょう。**

「ｉＤｅＣｏ」で最も大きなメリットを受けるのは、60歳まで収入減や解雇の心配がなく、給料も高い方でしょう。

この条件にあてはまるのは、公務員。ちなみに、国家公務員の平均年収は約６５０万円。地方公務員は約６００万円から７００万円なので節税効果もあります。

自営業者は「iDeCo」より
まず「小規模企業共済」の検討を

サラリーマンと違って自営業者には、退職金がありません。その代わり、定年退職もなく、自分が仕事を辞めると決めるまでずっと働き続けられる人が多い。

ただ、自営業者であっても、仕事を辞める時に退職金のようなものがあったら安心だという人は多いでしょう。


自営業者の方が老後の資金づくりをしたい時に勧められるのが「iDeCo」と「国民年金基金」。どちらも儲かっている自営業者には節税対策となり、将来は国民年金に上乗せしてもらえるものです。

ただ、こうしたものに加入する前に、**自営業者ならまず検討したいのが「小規模企業共済」です。**

「小規模企業共済」は、個人事業主や従業員20人以下の会社の経営者や役員などが加入できる制度で、仕事を廃業したら、その時に「退職金」代わりにもらうことができます。ちなみに、定年退職後にシニア起業した方や、フリーターでも使うことができます。

「小規模企業共済」のメリット①

「ｉＤｅＣｏ」は投資商品なので、運用次第で増えるかもしれませんが、目減りの可能性もあります。また、投資ですから、「ｉＤｅＣｏ」では、必ずリスク商品を選ばなくてはならなくなります。もちろん、リスクのない預貯金もありますが、運用期間中に最低でも年間約２０００円、多い金融機関だと年間７０００円近い手数料を支払わなくてはならないので、預貯金を「ｉＤｅＣｏ」で預けるのはナンセンスです。

一方、「小規模企業共済」は、月々１０００円から7万円までの間で預け入れができ、「ｉＤｅＣｏ」と同じように、預けたお金が全額所得控除になります。しかも、加入手数料や金融商品買付手数料、管理手数料などがかかりません。年間に84万円まで預けられ、その分、実際の収入から控除で差し引くことができるので節税になります。もし、収入が減ったら、掛金を減額することも容易にできます。

また、**投資ではないので、預けたお金を確実に1〜1・5%で増やせます。**

「小規模企業共済」のメリット②

自営業者は会社員と違って、不況で資金繰りがつかなくなったり、思わぬことでお金が必要になったりすることがあります。そうなっても、「iDeCo」は60歳から、「国民年金基金」は65歳からの受け取りしかできません。

一方、「小規模企業共済」は、**年齢と関係なく、廃業や事業を引き渡した時に、何歳からでも受け取ることができます。**フリーだったら、仕事を辞めた時です。「小規模企業共済」は、退職金のない自営業者が退職金を用意するための制度なので、会社が倒産したり仕事を廃業した場合には、何歳であっても預けたお金は元本割れせずに戻ってきます。また、廃業せずに仕事を続けている場合でも、15年以上加入し続けていて65歳以上になっていれば、いつでもやめてお金を引き出すことができますが、この場合も、元本割れはしません。

ただし、倒産や廃業ではなく、仕事は続けているのに自分の都合で65歳になる前にやめるという場合には、加入して20年未満だと戻ってくるお金が元本割れします。この制度は、あくまで小規模事業者のための退職金づくりの制度なので、仕事もやめないのに途中で共済をやめるとペナルティがあるということです。

「小規模企業共済」のメリット③

「iDeCo」や「国民年金基金」と最も違うところは、貸付制度。

自営業者は、コロナ禍のようなことになるとお金に困るケースも出てきます。**「小規模企業共済」には貸付制度があるので、掛金の7〜9割の範囲で融資を受けることができます。貸付利率も、1・5％程度なので銀行で借りるより安い。**返せなくなっても、自分が預けているお金と相殺されます。

自分のお金を出せないという不便さを、ある程度まで解消できるということです。

このように、投資なので将来どうなるのかわからない「iDeCo」よりも、確実に預けたお金が積み上がっていく「小規模企業共済」を先に検討すべきでしょう。

「NISA」をやるならデメリットも把握する

「NISA《ニーサ》」とは、金融商品ではなく、「NISA口座」という金融口座の名前です。

通常の証券口座での取引は、投資商品を売って利益を得ると、利益に対して20％の税金（所得税・住民税）がかかります。さらに、2037年までは、ここに復興特別所得税0・315％もかかります。

けれど、この口座に入っている金融商品は、売って利益が出ても税金がかかりません。ですから、銀行や証券会社で買った株や投資信託を入れておくのです。

たとえば、100万円の株を買って、これが150万円まで値上がりしたので売ったとします。利益が50万円出るので、通常の口座に入っていると利益の約20％、つまり約10万円が税金として引かれます。けれど、「NISA口座」に入っていれば、利益が出ても課税されないので、50万円が丸々手取りになります。

ただ、投資商品は、値上がりすることもありますが、値下がりすることもあります。

では、100万円で預けた株が50万円に値下がりしたらどうなるでしょうか。

「NISA口座」は、基本的には投資商品を5年で引き出さなくてはなりません。そして、引き出した時の株価が取得価格となるので、100万円で買った株が引き出す時に50万円だと、50万円で株を買ったということになります。ですから引き出した後、株価が100万円に戻ったら、50万円で株を買った株が100万円に値上がりしたとみなされて、増えた50万円に対して約10万円の税金を払わなくてはなりません。

もともと100万円で買った株を100万円で売るので利益はないはずですが、税金を10万円も払わなくてはならない。つまり、**「NISA口座」は、株が上昇していればおトクかもしれませんが、値下がりすると損をする可能性があるということです。**

「NISA」には、少額を積み立てていく「つみたてNISA」もありますが、「つみたてNISA」は選べる商品が少なく、選んだ商品を途中で他のものに切り替えることができません。いったん売却して他のものを買うことになり、そこで節税効果も消えます。もし投資するなら、こうしたデメリットも知っておきましょう。

「預金」は銀行にとってリスク、預ける人にはノーリスク

退職金が銀行口座に振り込まれると、今まで会ったこともない銀行員から、「私が○○様の担当になったので、ご挨拶に伺いたいのですが」などという電話がきます。銀行は、みなさんの口座を預かっているので、誰が、いつ、どこから、どれくらいのお金を振り込まれたかを知っています。そのままにしておくと、他の金融機関に預け替えられてしまうか、そのまま「預金」として預け続けられてしまう可能性があるので、すぐに連絡を入れ、現金で投資商品などを買ってくれるように誘導します。

実は、「預金」というのは、銀行にとってはリスク商品です。こう書くと、「預金は預けておけば利息が付くことはあっても目減りすることはないのだから、ノーリスクじゃないか」と思う方もいらっしゃるでしょう。

でもそれは、私たち側から見た「預金」です。

銀行側から見ると、「預金」はリスク商品。なぜなら、「預金」を預かると、銀行はそのお金を管理しなくてはならないだけでなく、微々たるものでも必ず利息を付けて預金者に返さなくてはなりません。そのためには、運用で増やさざるを得ません。ところが、低金利なので運用先がなく、少しでも増やそうと思ったらリスクを覚悟しなくてはなりません。

もちろん、**預かったお金を運用してうまくいけばいいのですが、もし運用に失敗したら、損した上に預金者には利息を付けて返さなくてはならないことになります。**

ですから、できればみなさんから「預金」を預かりたくない。そこで、「預金」ではなく投資信託などで「投資」をしてくださいと言ってきます。

「投資商品」は、買う私たちにはリスクがありますが、売る側の銀行には、売れば売るほど確実に手数料が入ってくるノーリスクの金融商品です。価格が上がったり下がったりするリスクは買い手であるみなさんが負うのであって、銀行はその仲介をするだけだからです。

ノーリスクで、売れば売るだけ銀行に手数料が入ってくる「投資商品」は、銀行にとっては、最も確実に儲かる商品なのです。

タンス預金に潜む罠

年配の方の中には、銀行が破綻すると怖いから、お金を銀行には預けずに家に置いておくという人もいるようです。いわゆる「タンス預金」です。

日本では、１９９７年から98年にかけて、多くの金融機関が破綻しました。北海道拓殖銀行などという大手銀行の一角にあった銀行までもが倒産したので、銀行不信に陥った方も多かったようです。

さらに、史上空前の低金利となり、銀行にお金を置いておいても増えないので、家に現金を置く「タンス預金」が増え、過去最高の１００兆円を突破しました。

ただ、今は政府もそんなに簡単に銀行を倒産させないし、もし倒産したとしても、「預金保険機構」で、銀行（信用金庫なども含む）１行あたり、預金１０００万円プラス利息までは確実に守られることになっています。

ですから3000万円あって、どうしても銀行の破綻が心配という人は、1000万円ずつ3つの銀行に分けて預けておけば安心です。

逆に、家にお金を置いておくと、振り込め詐欺の標的になりやすい。

警察庁によれば、2020年の振り込め詐欺などの特殊詐欺は、わかっているだけで1万3526件でした。法人の被害を除くと、詐欺に遭った人の9割が高齢者だったというから驚きです。

これだけ「振り込め詐欺に気を付けろ！」と言われているのに、高齢者がコロコロ騙されているのは、手元に「タンス預金」を置いているからでしょう。

今、多くの金融機関では、高齢者が窓口で大金を引き出そうとすると、理由を聞き、すぐには引き出せないようにしています。そのため、**窓口での振り込め詐欺の阻止率は9割といわれています。**

けれど、家にお金があると、その歯止めが利きません。確かに銀行にお金を預けておいても、利息は付きません。けれど、大金であればあるほど、自宅よりも銀行に置いたほうが安全。**利息は付かなくても、銀行はタダで使える金庫だと思って、利用したほうがいいでしょう。**

第5章
住まいはどうする？

実はうちは
社宅住まい
ただいま〜
ワン
ワン
ハァー
どうしたの？
この社宅
取り壊すんだって
だから
3カ月後には
出て行ってくれって
言われた
えー
そんな！
どうしよ！
どうする？
ね
もーこの際
家を買おうかと
思うんだけど
えっ？
えぇー
わぁ
ひょこり
いいですね〜
今なら
金利も安いし
物件も
安いですよ〜
花咲銀行の
槍手！
↑呼びすて

頭金が500万円あれば中古物件なら2000万円で買えます
20年ローンで月々の支払いは7万円家賃よりも安いですよ
へーほー
いやまってそれってって70歳までローン払うってこと？
そんなの無理！
役職定年で年収も減ってるのに！
家購入
ローン返済期間
定年
退職金で完済
いえいえその前に退職金が出るのでそれで完済してください
そうすればそれ以降は家賃ナシでずっと住み続けられますよ
賃貸なら同じような物件で8万円くらいですから
それを一生払うことを思えば買ったほうが絶対におトクですよ
7万円
購入
8万円
賃貸
確かに…

ちょうど貯金も500万円あるし退職金も1500万円くらい出るから
退職後に家賃なしで住めるならそのほうが老後は安心かも
ね
ちょっと待った！
お父さんなけなしの貯金500万円を支払い60歳に退職金でローン残金約800万円を支払ってしまったら老後資金は大丈夫ですか？
そうか手元には700万円しか残らないんだ
不安
だけど死ぬまでずっと8万円の家賃を払うことを考えたらそのほうが安心だよ
年とったら払えなくなるしなぁ
それ前提が間違ってますよ！
一生4人でその賃貸に住むんですか？
通帳

いずれ子供たちが出て行って2人暮らし
コンパクトな家でOK
会社がリモートになってあまり出社しない
会社
家賃の安い郊外に引っ越す
定年後は気候の良い地方に移住
地方には、一軒家でも家賃3万円くらいのところも
そう考えると賃貸のほうが気楽かもやっぱり賃貸にしようかな
ちょっと待った！
近くにご両親の家があるので同居もいいんじゃないですか？
ちょっと待った！
なるほど！
それはお義母さんと同居ってこと？
なにがなるほど！じゃボケ！
働いて疲れて帰ってきたダンナさまにお惣菜ー？
息子かわいそう
ああ!?

それなら ご両親の家を 二世帯住宅に するのも アリですよ
昔とちがって 今の二世帯住宅は 完全分離型
どちらかが住まなく なったら アパートとして 貸すこともできます
あるある
アパート!?
おっ
バイバイ お先にー
アパート
家賃収入!
不労所得!
あなた 早速 お義父さんに 相談して みましょう
キリッ
……
ゲンキンだな
ってことで 次の日
ということで 同居はどうかなと 思うんだけど
あー
実は、ワシも 気になって たんだよ

近所に地下鉄の駅ができて地価が上がってこの家も相続する時にかなりの税金がかかるようになったらしいんだよ
相続税払えないとやっかいだな
地価が上がるのも困るか…
だけど同居する親族が相続するなら100坪までは税金が8割引きになるそうだ
8割引き!?
なんてステキな響き
二世帯住宅も建て方次第では“小規模宅地の特例”という相続税軽減策が使えるんですよ
よかった!何とかなりそー
二世帯住宅にするの?
わーい!
私もそこに住みたい
おばあちゃんのおはぎ毎日食べたーい!

はい
今はお嫁に
行かない娘さんも
一緒に住める
2・5世帯住宅
というのもありますよ
やったー
お嫁に行くまでお世話になります！
何言ってるの！
あなたはもう
社会人なんだから
自分でアパートでも
借りて住みなさい
えーーーっ
じゃあ、いっそ
ローンを組んで
マンション
買っちゃおうかな
資産にもなるし
オホホホホホホ！
それは
やめたほうがいい
ですよ～
なんで
一生独身なら
そこに住めば
いいけれど
結婚して
家族で住めない広さの
マンションだと
売るか
貸すしかない
子供が生まれたら狭いか
グィグィ
結婚できるの〜

売っても
買値より低いし
貸しても
月のローンは
賃貸収入で
支払えても
ボーナス払いは
30年間自腹を
切り続ける
ずっと他人が住んでいた
ボロボロ
やっとローンが
終わった時には
ボロボロで二束三文
えっ、資産に
ならないんですか
たぶん
お荷物に
なるだけ
マンション
買うなら
独身女性は
もう一生結婚
しない覚悟が
ないと
大損しますよ
ないわ〜!
結婚と資産家と
両方狙って
たのに〜
ホホホ
ホーホホ
ホー
甘い!
つか
その前に
相手を
調達しな
きゃなー

住まいの選択肢が広がっている

総務省の2021年の住民基本台帳人口移動報告によれば、今まで転出者よりも転入者が多かった東京23区が、2014年以降はじめて転出者の数が転入者に比べて1万4828人も上回る「転出超過」という状況になりました。

新型コロナという特殊要因はあったものの、コロナ禍が終わっても、2025年には、東京都は人口減少に転じるという都の予想もあります。

東京の地価があまりに高くなりすぎて普通の人が暮らすのには住みにくくなってしまったことや、コロナ禍でリモートワークが進んで、必ずしも都心に住まなくても仕事ができる環境が整ってきたことからです。

東京から本社移転する会社も増えていて、2021年に首都圏から地方に本社または本社機能を移転した企業は351社あったそうです。東京は、仕事をするための環境が整備されていて、多くの企業が東京に本社を置き一極集中となってきました。

けれど、リモートワークの時代となって、状況は変わってきました。

Yahoo!などは、全国どこに住んでもよく、月15万円までなら飛行機通勤も可能としています。企業も、どんどん変わってきているということです。

国土交通省が2021年1月に公表した「都道府県別の経済的豊かさ（可処分所得と基礎支出）」を見ると、手取り収入から家賃や光熱費までの生活費および通勤時間も考慮すると、東京都の豊かさは、都道府県で最低の47位でした。逆に、1位が三重県、2位が富山県、3位が山形県というように、東京から離れた地方のほうが、暮らしにおける経済的な豊かさはずっと上ということです。

厚生労働省が公表している保育園の待機児童数（2017年）を見ても、1000人あたりの待機児童数の多さは、東京は47都道府県中2番目です。

そういう意味では、暮らしやすいところに住むという選択が、これからはますます広まっていきそうです。

特に、会社を定年退職した人は、どこに住んでもいいですから、住まいの選択肢は大きく広がることでしょう。

「家を買う」があたりまえでは なくなってきた

ひと昔前までは、「家は買う」というのがあたりまえのように言われていました。社会人になって結婚したら、家を買って一国一城の主になれば一人前で、持ち家かどうかで社会的な信用まで違うという時代が長く続きました。当時は、家が個人にとっては最大の資産だと言っても過言ではなかったのです。

けれど、時代は大きく変わりました。家が資産ではなくなりつつあり、一人っ子と一人っ子が結婚すると、家が1つ余る時代になったのです。

東京でさえ、10軒に1軒は空き家となっています。しかも日本では、高度成長期からマンションが建てられてきたことで、老朽化したマンションが急激に増えています。そしてこうしたマンションが、建て替えられない状況にあり問題となっています。

都心の一等地なら、まだ住みたいという人もたくさんいるでしょうが、**郊外になれば、二束三文になってしまった中古マンションがゴロゴロあります。**

一方、**賃貸は、昔に比べて質が高くなっています**。住環境も良くなっていて、水洗トイレや冷暖房エアコンがついているのはあたりまえ。中には照明器具や電子レンジ、家具などが備え付けのものもあります。

しかも、賃貸の場合には好きなところに住めて、家族が少なくなったら小さな部屋に引っ越すこともできるので、家族の状況によって住み方の選択もできます。

ですから、**「賃貸と購入、どっちがおトクか」とよく議論になりますが、今は、甲乙つけがたいというのが現状でしょう。**

経済面だけで見ても、物件を買うと住宅ローンや固定資産税などを支払わなければならず、修繕もすべて自分で行わなくてはなりません。一方賃貸は、家賃以外の支払い金額が少なく、修繕などもほとんど大家さんがしてくれるので、自己負担しなくてすみます。

経済的な面で比べても、どちらがおトクとは言いがたくなっている状況。人によっては、「それでも持ち家だと売れるから」と思っている人もいるようですが、中古市場の価格を見て、あまりの安さにがっかりするのではないでしょうか。

住宅ローンは固定金利がいい

それでも住宅を買いたいという人は、どうすればいいでしょうか。

家を現金で買えるという人はまずいないでしょうから、多くの人が、住宅ローンを組むことになります。

住宅ローンの金利は、「固定金利」「変動金利」「固定金利選択型」の3つがあって、それぞれメリット・デメリットがあります。

固定金利

特徴：借りた時の金利が最後までずっと一定なので、返済額も一定

メリット：最後まで返済額が確定しているので安心。今は低金利なので有利

デメリット：借り入れた後に市場の金利が下がっても、返済額は減らない

変動金利

特徴：一般的には市場動向に合わせて5年に一度（基本的に）、金利が見直される

メリット：金利が低くなると、返済額が下がる

デメリット：金利が125％以上、上がると、返済額は125％までしか上がらないことになっているが、未収利息が発生して返済金が増えていく可能性がある

固定金利選択型

特徴：最初は固定金利で設定し、後に固定か変動かを選べる

メリット：ライフプランに合わせ、返済している途中でも自分で金利を選べる

デメリット：固定金利の再設定時に、金利が上がって返済額が上がる可能性がある

住宅ローンを借りる時には、返済額を低く抑えたいと思い、「変動金利」を選びがちですが、今のような低金利の中では、将来、金利が上がっていく可能性があります。

ですから、**今借りるなら、「固定金利」**で、無理なくゆとりを持って支払える範囲内で借りたほうがいいでしょう。

住宅ローンはできる限り長期ローンを組まない

住宅ローンは、長く借りるほど、月々の支払額は少なくなりますが、トータルで支払う額は大きくなります。マンガでは50歳でローンを1500万円借りる設定ですが、ここでは35歳の方がローンを借りる一般的なケースで試算してみましょう。
2000万円を金利2%で借りた場合
10年返済だと月々の返済額は18万4026円
20年返済だと月々の返済額は10万1176円
30年返済だと月々の返済額は7万3923円
35年返済だと月々の返済額は6万6252円

ローンを払い終わるまでの利息の総額

10年返済だと返す利息の総額は、２０８万３１７８円
20年返済だと返す利息の総額は、４２８万２３００円
30年返済だと返す利息の総額は、６６１万２４８０円
35年返済だと返す利息の総額は、７８２万５８６１円

ここでは、２％という低い金額で計算していますが、金利が上がると利息の総額も上がり、総返済額はもっと大きくなります。

長期で借りれば、月々の返済額は低くなります。ですから、「35年返済なら月々６万６２５２円。家賃よりも安いですよ」などと言われると、そうした言葉に乗ってしまいやすい。けれど、まず、そこでご自身の年齢を考えてください。

35歳の方が35年ローンを借りると、返済が終わる時は70歳。65歳から年金生活が始まると、その中で住宅ローンを払い続けていくのは大変です。

住宅ローンといえども、借金ですから、なるべく早く返すことが、老後の負担を減らす秘訣です。ローンを払い終えれば、ローンのお金を貯蓄に回すことができます。

繰り上げ返済は確実に儲かる

すでにローンを借りている人は、どんどん繰り上げ返済をしましょう。

住宅ローンなどの金利が低いローンでも、長期にわたるものは、なるべく早く返してしまうべきです。

たとえば、手元に100万円あったとします。この100万円を投資に回せば、120万円になるかもしれませんが、投資には目減りリスクもあるので、80万円になってしまうかもしれません。一方、借金の返済に使えば、確実に未来は明るくなります。

仮に、35歳で3000万円の住宅ローンを、金利2%、35年ローンで借りた方がいたとします。この場合、35年間に支払う利息は約1000万円になります。

もしこの方が、50歳で、手元にある100万円を、住宅ローンの繰り上げ返済に回したとしたらどうでしょう。住宅ローンの繰り上げ返済は、「返済期間を短くする方

住宅ローンの繰り上げ返済例

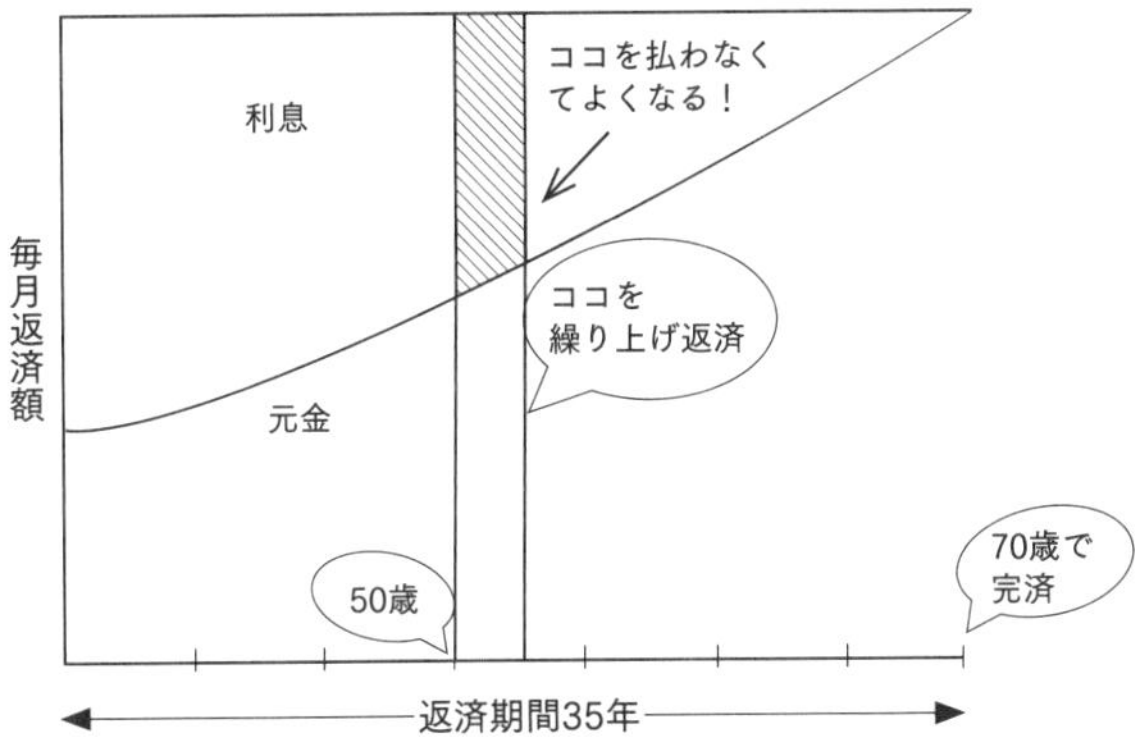
利息
ココを払わなく
てよくなる！
毎月返済額
ココを
繰り上げ返済
元金
70歳で
完済
50歳
返済期間35年

法」と「返済額を下げる方法」がありますが、「返済期間を短くする方法」だと、100万円を繰り上げ返済したことで、支払わなくてはならない利息が約47万円も減ります。期間で見ると、70歳ではなく68歳8カ月でローンは終了します。

つまり、**100万円を繰り上げ返済したことで、確実に約47万円儲かるということです。**

年金生活の中でローン返済をしていくのは辛い。ですから、お金があったらなるべくローンの返済期間を短くして、年金をもらう年齢になるまでには、住宅ローンを返済してしまいましょう。

住宅ローンを早く完済できれば老後資金が貯められる

人生で、お金に関する大きな出費の山は3つあります。それは、「家を買う時」「子供の教育費」「老後のお金」です。

そして、この3つの山は、順番に乗り越えていかなくてはいけません。

最初に「老後のお金」のことを考えて個人年金に加入し、毎月保険料を支払うと、その分貯金ができなくなるので、「家を買う時」の頭金をたっぷり貯めることができません。頭金が貯められないと住宅ローンをたくさん組まなくてはならないということになります。

たとえば164ページの「2000万円借りる場合」だと、35年で返す月々の返済額は6万6252円。同じ月々6万6252円を返すのにも、もし頭金が500万円あれば、ローンは24年ですみます。

30歳で35年ローンを組んだとすれば、65歳まで返済が続きますが、500万円頭金があれば、54歳になると住宅ローンの返済が終わります。そこから、今まで支払っていたローンの6万5622円を貯金に回せば、65歳までに約900万円の貯金ができます。

「子供の教育費」についても、ある程度まで早めに準備しておけば、教育ローンにそれほど頼らなくてもよくなるかもしれません。

目標は、50歳で住宅ローンや教育ローンがなくなっていること。その頃には子供の手も離れて奥さんも働けるようになっているでしょうから、そこから2人で貯金していけば、老後は安泰と言っても過言ではないでしょう。

50歳ですべてのローンをなくすというのは大変かもしれないので、55歳でも60歳でもいいのです。まずは、早めにローンをなくし、貯金ができる家計にしておくことです。

大切なのは、今から個人年金を始めるよりも、目の前の住宅ローンなどの借金を早く返してしまうこと。遠い先の老後のために個人年金に加入する前に、目の前にある借金を減らし、さらに現金を貯めていけば、確実に安心な老後になります。

独身女性は家を買ってはいけない

独身の女性の中には、このままずっと1人で暮らすことを考えたら、マンションくらいは買っておいたほうがいいのではないかと思う方が増えているようです。

けれど、**マンションを買うのは、完全に結婚を諦めてからにしましょう。なぜなら、もし結婚したい人が現れたら、住宅ローンが「お荷物」になるかもしれないからです。**

独身の女性が買えるマンションは、よほどの大金持ちでない限り1LDKか2LDKの小ぶりなものになるでしょう。

そこで死ぬまで1人で暮らす覚悟ならいいですが、結婚して2人で暮らすには手狭。ましてや、子供ができたら、とてもそこでは暮らせません。

そうなると、マンションを売るか誰かに貸すということになるでしょう。

売るとすれば中古ですから、買った価格の半値以下。2000万円のマンションをローンで買い、売却価格が仮に1000万円なら、その時点でローンはほとんど減っていないので、マンションを売った後に１０００万円近いローンだけが残ります。

では、このマンションを賃貸に回したらどうでしょう。

月々の返済額くらいは家賃で相殺できますが、**ボーナス返済があると、それは大家である自分の持ち出しということになります。**

しかも賃貸は、**空室になると家賃が入ってこない。設備機器などのメンテナンスでも自腹を切らなくてはならない。古くなれば、家賃も下げざるを得ない。**

こうして、他人のためにボーナス払いを続け、メンテナンス費用の負担を続け、やっとローンが終わったと思った時には、マンションがすでにボロボロになって処分に困るということになっていかねません。

ですから、もし結婚する気持ちがまだあるなら、わざわざ今からそんな「お荷物」を抱え込むことはありません。頭金は、結婚する時のために、しっかり取っておきましょう。そして、もし本当に一生結婚しないという覚悟ができたら、その時に貯めておいたお金を頭金にして、家を買ってもいいのです。

もちろん、同じことは独身の男性にもいえますが、あえて女性というのは、男性の場合、伴侶ができるまでは賃貸暮らしでいいという方が多いからです。

賃貸を有利に借りる契約書がある

賃貸には、様々な不安を抱く方も多いようです。「家賃が適正か」「大家が途中で勝手に家賃を値上げしたりしないか」「退去する時に文句をつけられて、修繕費などをふんだくられるのではないか」などなど。

「家賃が適正か」というのは、ネットや住宅情報誌で近隣の同じような間取りの家をチェックすれば確認できます。また、「大家が途中で勝手に家賃を値上げしたりしないか」「退去する時に文句をつけられて、修繕費などをふんだくられるのではないか」は、あらかじめ契約書に明記されていればトラブルが防げます。

実は、大家が家賃の値下げ交渉に応じなくてはならない賃貸契約書があります。国土交通省が配布している「賃貸住宅標準契約書（家賃債務保証業者型）」というもので、この契約書の第4条3項には、「甲及び乙（貸した人と借りている人）は、（中略）協議の上、賃料を改定することができる」とあります。家賃は、大家が一方的に決めるのではなく、近隣の家賃相場などを参考にして、双方で納得できるように決めなくてはならないということです。

また、賃貸から撤去する時には「原状回復」して部屋を返さなくてはなりませんが、国土交通省のガイドラインでは、「賃借人の居住、使用により発生した建物価値の減少のうち、賃借人の故意・過失、善管注意義務違反、そのほか通常の使用を超えるような使用による損耗・毀損を復旧すること」と定義しています。

つまり、入居時に新品のクーラーが、退出時にあまり冷気が出なくなっていても、製品寿命で壊れた修理代は、入居者が支払う必要はないということになっています。

ですから、こうしたことで大家が一方的に敷金を返さないと、契約違反とみなされます。

この契約書を使っている業者も多いですが、もしそうでなかったら、**「賃貸住宅標準契約書」はインターネットやホームセンター、文具店などでも扱っているところがある**ので、それを買ってきて「この契約書にしてください」と仲介する不動産業者に申し入れてみましょう。

リバースモーゲージはそれほどおトクではない

最近、「老後資金はリバースモーゲージで」などというCMが増えています。

リバースモーゲージとは、自宅を担保にお金を借りて、返済は契約者の死後、家を売却して行うというもので、老後資金が不安だが、自宅を手放したくない高齢者に人気です。

この「リバースモーゲージ」には、2つのタイプがあります。

1つは、お金を借りて利息だけを払い、元金を死後に家で支払うタイプ。家の価値が元金よりも下がってしまうと、契約者の死後にその家を相続する人に請求がいきます。ただ、最近は保険がついていて、相続人には請求がいかないものもあります。

もう1つのタイプは、毎月の利息返済がない商品です。生前は一切返済せず、死後にすべてを清算します。この場合、貸し手の金融機関のリスクも大きくなるので、多額の融資は期待できません。

「リバースモーゲージ」が使えるのは、一般的には55歳以上。
注意したいのは、次のような大きな3つのリスクがあることです。
①長生きリスク
長生きしすぎて契約期間を過ぎたら、自宅を追い出されてしまうケースもあります。
②評価額リスク
担保物件の評価額が下がったら、借入金を予定より減らされたり、融資が中断されたりする危険性があります。
③融資額リスク
通常、家を担保にお金を借りると、評価額の7割程度の融資が受けられますが、リバースモーゲージは2～5割程度とかなり低くなります。

たとえば、今売却したら5000万円になる家が、「リバースモーゲージ」を使うと1000万円程度の評価にしかならないケースがあるのです。だとしたら、家は失いますが、住んでいる家を売却して新しい小さなマンションを2000万円で買い、3000万円を老後の資金にしたほうが安心ではありませんか？

親との同居で相続税は安くなる

親と同居していると、親が亡くなった後、一緒に住んでいた家の相続税が安くなる制度があります。これは、**「小規模宅地の特例」というもので、家なら100坪（330㎡）まで、相続税評価額が8割も安くなります。**

たとえば、土地が100坪弱で評価額1億円、家の評価額1500万円の建物に住む父親に、息子が1人いたとします。もし、父の財産がこの家だけで、一人息子が相続するなら、普通なら相続税1670万円をキャッシュで納めなくてはなりません。けれど、父親と同居していると、「小規模宅地の特例」が使えるので土地の評価額が8割引きの2000万円になり、土地の2000万円に家屋の1500万円を足して3500万円を相続することになります。この場合、基礎控除が3600万円あるので、これを差し引けば課税遺産は0円ということになり、相続税は一銭も支払う必要がありません。

これが「小規模宅地の特例」で、この特例の大幅割引を使えるのは、次の3つのケースです。

①一緒に住んでいるのが、配偶者の場合
②親族が同居していて、一緒に暮らしている場合
③同居していない親族でも、一定条件を満たしている場合

③の「同居していない親族でも、一定条件を満たしている場合」の一定条件とは、持ち家がないこと。俗に「家なき子特例」とも呼ばれています。

ほかに、死亡した人に配偶者がいないことや、死亡直前までに同居していた相続人がいないこと、その家を相続後10カ月は所有すること、相続開始前3年間は持ち家(相続人の配偶者の持ち家も含む)に居住していないことなどの条件もあります。

実は、2014年からは、要介護認定を受けていたなどいくつかの要件を満たせば、故人が老人ホームに入居していた場合でも、対象となっています。入居した時には要介護認定をされていなくても、亡くなった時に要介護認定だったなら大丈夫です。

二世帯住宅は将来アパートとして貸せる

親と同居すれば相続税が下がることはわかっているけれど、嫁姑の仲がそれほど良くないので、同居は難しいという方もおられることでしょう。

そういう方は、**同居人同士が四六時中顔を合わせる必要がない二世帯住宅に建て替えるということも考えてみてはどうでしょうか。**

親が持っている土地の上に「二世帯住宅」を建てて住むと、物件の登記上の持ち主が親であれば、もし親が他界して相続をしなくてはならなくなっても、「小規模宅地の特例」が使えて相続税が安くなります。

注意しなくてはいけないのは、この登記についてです。

たとえば、1階は親の持ち物として登記し、2階を子供の持ち物として登記すると、親と同居していることにはならず、「小規模宅地の特例」は受けられません。そうなると、親の土地を特例なしに相続しなくてはならなくなります。「二世帯住宅」を建てるなら、その前に、有利な方法を相続に詳しい税理士などに相談しましょう。
昔の「二世帯住宅」は、共通の玄関や、家の中で1カ所それぞれの世帯が行き来できるところがなければ「小規模宅地の特例」が使えませんでした。けれど、**今は、アパートの1階と2階のように、完全に分離した構造になっていても、「小規模宅地の特例」が使えます。**

ですから、仮に1階に住んでいる親が2人とも他界してしまったという場合には、開いた部屋を賃貸として他人に貸すこともできます。

そうなると、賃貸収入が入ってくるので、老後も安心です。

そのため、**「二世帯住宅」を建てる時、将来的にはアパートのように貸し出すことも念頭に置いて設計してもらうといいでしょう。**

兄弟姉妹がいたら、建てる時にあらかじめ相続のことも含めて話し合い、「親の介護は自分たちでするので家は私たちに」などの条件を出して了解を得ておかないと、将来的にもめることになるかもしれません。

できれば親にもその旨を伝え、あらかじめ遺言書などに一筆入れておいてもらうといいでしょう。

第6章
ほかにできることはある?

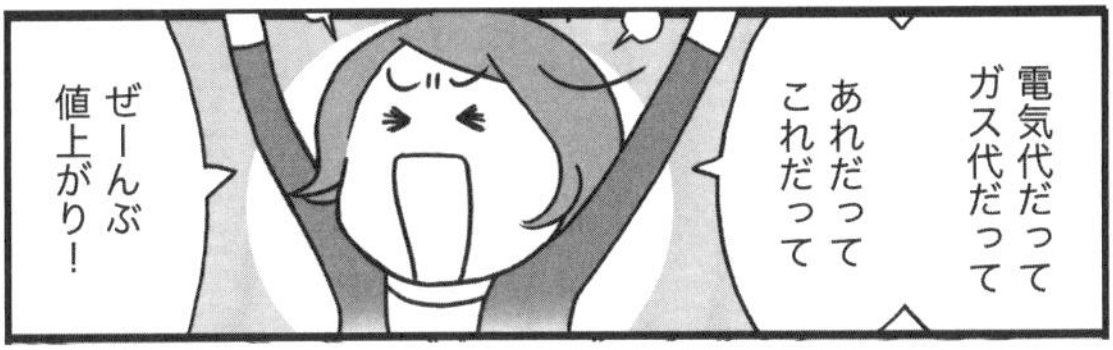
電気代だって
ガス代だって
あれだって
これだって
ぜーんぶ
値上がり!

のんびりとした日曜の朝
…のハズ
わっ
わっ
どうしたのお父さん！
またガソリンが値上がりしたってよ！
知っとるわっ
それどころじゃないわよー
パンもバターもハムエッグも全部値上がりよ！
ドッグフードもっ
食費が大ピンチよ！
わしらの医療費の窓口負担も10月から2倍だよ
オチオチ病院にも行けないわよ
友だちと会う場所なのにっ
医療費
学食も値上げしたんだよー
カレー400円だって！ひどくない?!
来年には通勤電車も値上がりするし
会社持ちだけどさ
定期

電気代だって
ガス代だって
あれだって
これだって
ぜーんぶ
値上がり！
な〜の〜に〜
据
置
ぜーんぜん
給料上がらないし！
引
下
年金は、今年０・４％も
下がったし！
No
勉学
学費もまた
上がりそうだしさ！
勉強はしろ！
誰が学費
払ってると思って
んだ

しかも世の中はますます混迷していくばかり
コロナ禍はまだまだ続きそう
地震や水害火山の噴火も多いし
ウクライナ情勢は不穏だし
パオー
氷河期がくるぞー
びゅう
そんな中でしっかり生き抜いていくにはどうすればいいのか
みんなどこに行ったの？
先が見えない時代に突入
ちょっと待った！
だからこそ今！荻原提案「家計安全三原則！」を
見て！
1. 借金減らして現金増やせ
2. 無駄をなくしてスリムな家計
3. 備えあれば憂いなし
先生❤
なんですかソレ！

まずは
1. 借金減らして現金増やせ
これから二世帯住宅を建てるから大きな住宅ローンができますよね
そうだね
それも借金です！どんどん繰り上げ返済して早く返しましょう
私がパートで稼ぎまくるわよ！
どんとこい！
ステキ…キミが妻でよかった…
頼りになるー
(父よりも…)
それなら私も！クレジットカードでの買い物やめる！
後払いみたいなものだしね
後払いの借金みたいなものだしね買い物は現金にしよう！
残金が見えるからわかりやすい！
奨学金も借金の一種だね
若いうちから借金数百万円…
借金の返済は健全な家計への第一歩です

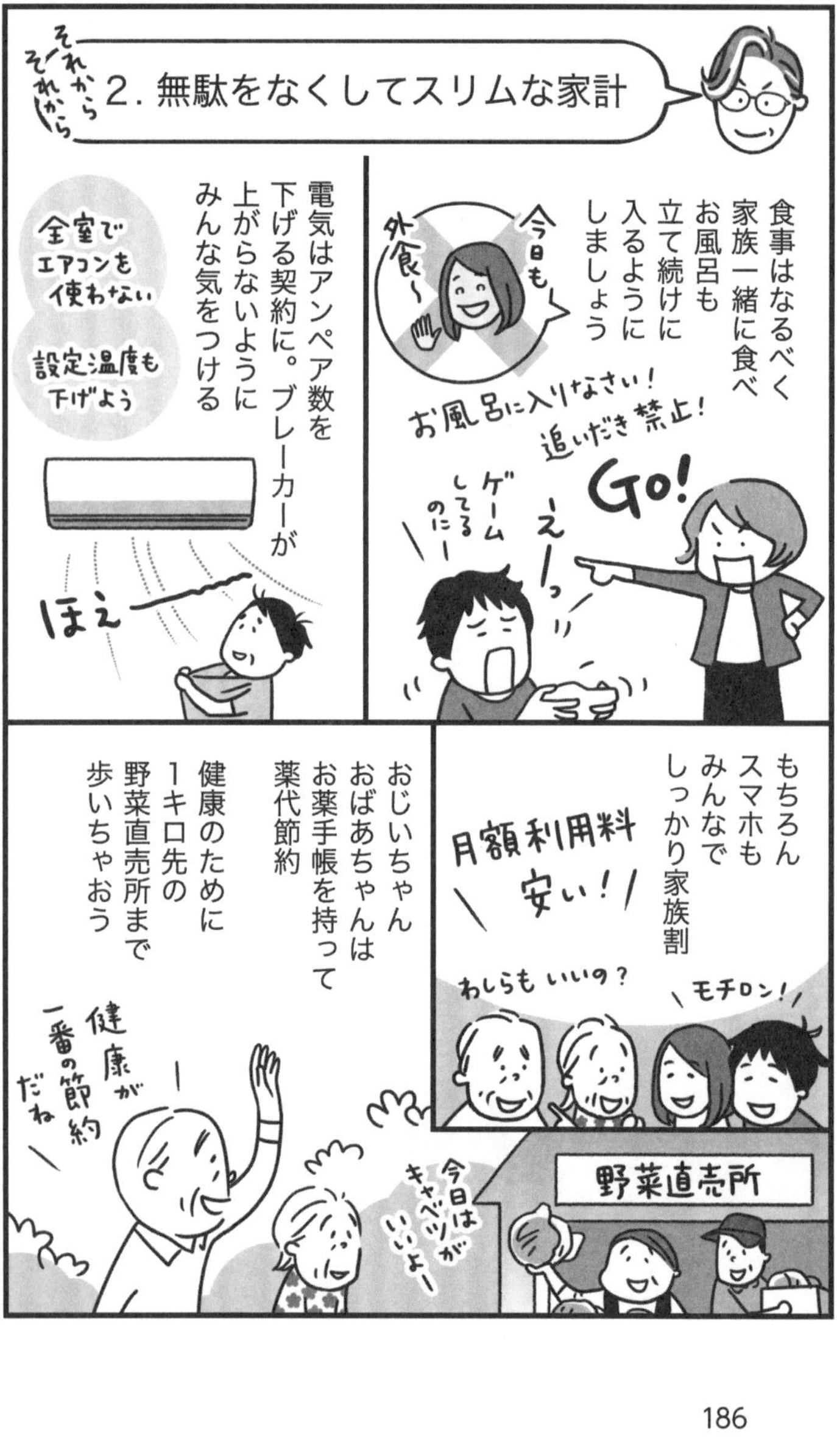

それからそれから
2.無駄をなくしてスリムな家計
食事はなるべく家族一緒に食べお風呂も立て続けに入るようにしましょう
今日も外食～
お風呂に入りなさい！
追いだき禁止！
GO！
えーっ
ゲームしてるのにー
電気はアンペア数を下げる契約に。ブレーカーが上がらないようにみんな気をつける
全室でエアコンを使わない
設定温度も下げよう
ほえー
もちろんスマホもみんなでしっかり家族割
月額利用料安い！
わしらもいいの？
モチロン！
おじいちゃんおばあちゃんはお薬手帳を持って薬代節約
健康のために1キロ先の野菜直売所まで歩いちゃおう
健康が一番の節約だね
今日はキャベツがいいよー
野菜直売所

そして
3. 備えあれば憂いなし
10月から火災保険が平均で10・9％値上がりするのご存じですか？
マジでっ
そんなに！？
先生…いつからマッチ売りに…
二世帯住宅建てるから火災保険も他人事じゃないな
うーん
そうだけど…1割も上がるなんて…入っとかなきゃだめなの？
いらないんじゃない？火事なんてめったにならないでしょ
結婚してください
ノンノン！
火災保険は入らないとダメです
隣の火事で自分の家が焼けても補償はなしですから
えー！っ
隣から出火しても焼かれ損なの

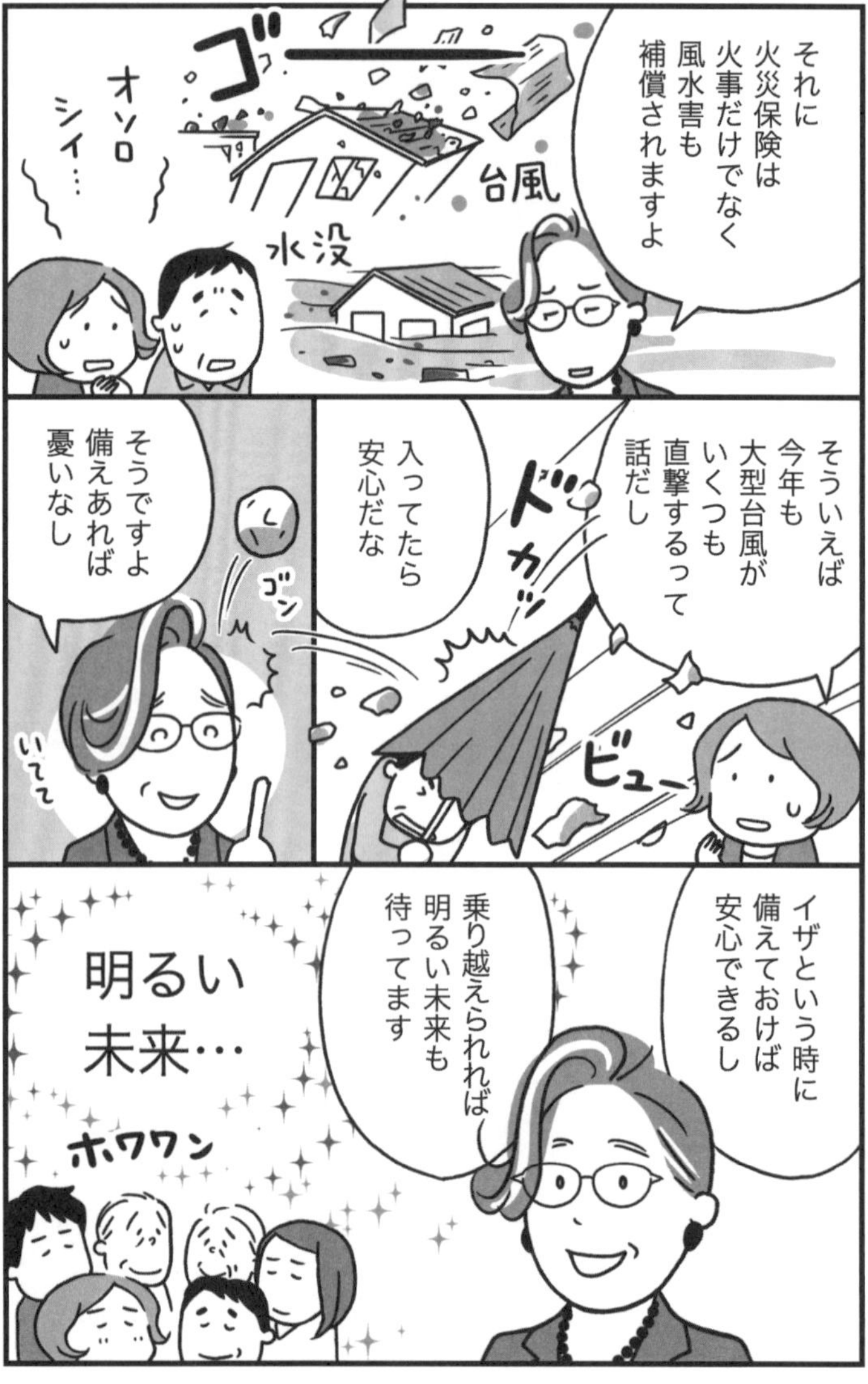
それに火災保険は火事だけでなく風水害も補償されますよ
ゴー
台風
水没
オソロシイ…
そういえば今年も大型台風がいくつも直撃するって話だし
ドカッ
ビュー
入ってたら安心だな
そうですよ備えあれば憂いなし
ゴン
いてて
イザという時に備えておけば安心できるし
乗り越えられれば明るい未来も待ってます
明るい未来…
ホワワン

元気なうちに
2人で全国温泉巡り
孫に囲まれて
悠々自適な老後
ジィジー
バァバー
稼ぎのいい旦那と
幸せな結婚
お金の心配がない生活ってマジ神！
ニガ笑い…
IT長者になって
アイドルと結婚
いや！ムリだろ！
みなさんも
節約で家計を
スリムにして
借金を減らして
現金を増やして
老後を
楽しく
快適なものに
しましょう！
ハーイ

物価はまだまだ上がる

平成が始まってから30年以上、私たちは「モノの値段は下がるもの」という時代を経験し続けてきました。デフレという時代です。

けれど、この長期にわたるデフレが、コロナ禍で転換点を迎えました。コロナでいったんはダメージを受けた世界経済が、２０２１年からは回復の兆しを見せ、それまで危機感を抱いていた中国をはじめとする国々が、エネルギーなどの物資の買いあさりを始め、物価が上昇しはじめたのです。

しかも、そこにロシアのウクライナ侵攻が重なりました。２０２１年は、小麦の一大産地の北米が不作で、オーストラリアの小麦も質が良くありませんでした。そんな中、世界の穀物庫と呼ばれるウクライナだけは、良質な小麦が潤沢に実りました。この世界の穀物庫が戦火に見舞われ輸出が滞っているのですから価格の上昇は当然です。

小麦の価格が上がれば、穀物価格全般が上がり、高い飼料を食べて育った牛や豚の肉の価格も上がります。肥料価格も上がるので、野菜なども高くなります。

上がっているのは、食料だけではありません。

景気の回復でエネルギー需要が活発になる中、OPEC（石油輸出国機構）が原油の生産量を拡大しないことで品薄となり、**原油価格が急上昇。**さらに、世界で有数の天然ガスなどの資源国であるロシアが戦争を始めたことで、ロシアのエネルギー資源に頼っていたヨーロッパなどは経済に大打撃を受けています。

さらに日本では「円安」という、他国にない要因も重なっています。

日本は、海外からの輸入に依存しています。石炭や原油やLNG（液化天然ガス）はほぼすべてを、トウモロコシや大豆、小麦などの穀物も9割以上、木材も7割以上を輸入に頼っています。

なぜ円安になっているのかといえば、世界的にインフレとなって金利が上昇しているのに、日本はゼロ金利政策を取っているので、金利の低い日本から金利の高い海外にお金が流れているためです。

今の物価高にはこうした背景があるので、一朝一夕に好転するのは難しい。しかも、給料や年金は上がらないという最悪の状況になりそうです。

ガソリン代は簡単に安くなる

都心だとそうでもありませんが、地方に住んでいる方は、ガソリン代の高さに頭を抱えているのではないでしょうか。

1年前まで、1リットル130円前後だったガソリン価格は、今や170円超え。高いスタンドなどでは180円を超えるところも出てきています。

ガソリン価格を節約するには、次の3つの「エコドライブ」を守りましょう。

①ふんわりアクセル

エコドライブ普及推進協議会によると、車を発進する時に、最初の5秒で時速20キロになるくらいゆっくりアクセルを踏むようなやさしい発進にすると10％程度の燃料節約になるそうです。

②車間距離を取って、「加速・減速の少ない運転」を心がける

急停車、急加速しなくてもいいようにすれば、市街地では約2％、郊外では約6％程度の燃料の節約になります。信号が変わるなど停止することがわかったら、早めにアクセルから足を離しましょう。下り坂では、エンジンブレーキを活用しましょう。

③アイドリングストップ

10分間アイドリングしているとガソリンを130cc使うといわれていますから、これを5回繰り返すだけで100円近くを無駄にしているようなもの。

さらに、ノロノロ運転になると、ガソリンの消費量が増えるので、渋滞を避けることも大切。また、これからは、エアコンで車内を冷やすことも多いと思いますが、冷やしすぎは燃料消費が増えるだけでなく、体調を崩すことにもつながります。

高速道路で遠出するという方は、できれば高速道路に乗る前に給油するのがお勧め。最近は、**「gogo・gs」や「e燃費」などというガソリンスタンドの価格比較サイトもあります**。こうしたところで、最寄りの最も安いスタンドを見つけて給油するようにすると、かなりの節約になるでしょう。

会員制割引やキャッシュバックなども使うと、さらに安価になるところもあります。

パンよりコメが安い

先述したように、小麦の価格は、年内は上がり続けそうです。

日本の小麦は9割が輸入で、政府が一括して輸入し、製粉会社などに売り渡しています。この売り渡し価格が2021年4月には5・5％上がり、10月には19％上がり、22年4月には17・3％も上がりました。しかも、この時点では、小麦の一大産地で起きたウクライナでの戦争はほとんど織り込まれていないので、22年10月の小麦の売り渡し価格は、こうした状況を織り込んで、さらに一段高くなることでしょう。

その影響を一番受けるのが、パンやうどんなど、小麦を原料とする製品です。

そんな中、**コメの価格は、横ばいもしくは値下がりしています。**消費者のコメ離れが進んでいることに加えて、新型コロナ禍の影響で外食産業の需要が落ち込み、在庫が積み上がっているためです。

だとしたら、値上がりするパン食から安くなっているコメ食に家計をシフトするというのは、合理的な選択でしょう。

コメの価格が安くなっていることで、今、**ご飯1杯の値段は約20円**。卵かけご飯にしても、40円。味噌汁をつけても、1食50円。納豆好きな方は納豆かけご飯でもいい。納豆は、スーパーでまだ3パック100円くらいで販売しているところもありますから、納豆かけご飯は50円くらいですみます。

一方パンは、**6枚切り1枚で25円から30円**。パン2枚に、バターをつけスープやミルクをつけると、それだけで100円くらいになります。1食50円の差が出ると、4人家族で1カ月6000円の差、1年で7万2000円の差になります。

子供のおやつも、値上がりしているポテトチップスなどよりおにぎりのほうが、腹持ちもいいし家計の節約にもなります。

実は、コメを食べることは、国を守ることにもつながります。

21世紀は、人口が爆発的に増える一方、食料供給が間に合わない飢餓の時代といわれています。そんな中、食料品の輸入大国日本に食料品が回ってこなくなったら、飢える人が出てくるかもしれません。そうしたことのないように、今から農業を守り、みんなでコメを食べて食料の自給率を上げておきましょう。

電気代は簡単に安くなる

世界的にエネルギー価格が上昇していることで、ご家庭の電気、ガス代が、値上がりしています。大手でも、1年前の1・2倍を超え、中小の電力会社だと、10倍を超えるところも出てきています。

電気代を安くする最も手っ取り早い方法は、電気の契約アンペア数を下げることです。特に、子供が独立して夫婦2人の生活になったというようなご家庭の場合には要チェック。契約アンペア数を下げれば、電気代の基本料金が下がります。

たとえば、東京電力だと、60アンペアの基本料金は月1716円ですが、30アンペアにすれば月858円と、基本料金は半額になります。

しかも、アンペア数を下げると、今までのように電子レンジとホットプレートとドライヤーとエアコンを同時に使うとブレーカーが落ちるので、使うにしても手早く終わるようにしたり、電気器具を使う時に家族で声を掛け合って必要ないものは消したり、掃除機を使うにしてもあらかじめ部屋を片付けてから手早くかけたり、洗濯物もなるべく乾燥機を使わないで外干しにしようなどの工夫をするので、電気の使用量も減り、電気代も節約になります。

契約アンペア数は、電力会社に電話するだけですぐに下げてくれます。1回やれば、その後はずっと節約になります。

さらに、**使っている電気器具の見直しも、節約に役立ちます**。

たとえば、2010年に製造された冷蔵庫と2020年製造のものでは、4人家族で500ℓの容量だと、年間の電気代は6600円も違います。エアコンは、2005年製造のものを2020年製に替えると、8畳で年間3400円、20畳で年間2万6400円も電気代が違います。さらに照明も、4LDKの部屋すべてをLEDに換えると、1カ月あたり1230円も節約になります。

そのほか、**エアコンの設定温度を夏は高めにする、フィルターの掃除をマメにする、冷蔵庫にモノをあまり詰め込みすぎない**など細かな注意で、電気代はグンと安くなるはずです。

携帯電話は格安SIM・家族割に

今、家計の出費の中で一番といっていいほど増えているのが通信費。中でもスマホは、生活必需品となっているだけに料金もそれなりにかかっています。

スマホ代を安くするためには、契約している基本プランやオプションを見直したり、通話料金が無料のアプリを利用したり、Wi‐Fiを利用するだけでなく、割安な端末機にしたり、格安SIMに乗り換えるなどの方法があります。

格安SIMというと、大手キャリア（ドコモ、au、ソフトバンク、楽天モバイル）よりも質が落ちるというイメージがありますが、スマホで1日1本映画を見るといったハードな利用をする人でなければ、普通ならそんなに不便を感じることはないでしょう。大手キャリアに比べて、店舗がない格安SIM会社が多いので心配だという方もいらっしゃるようですが、そういう方は、イオンやビックカメラなどに店舗があるところを選ぶといいでしょう。

大手キャリアというのは、自前で通信のネットワークを持っています。ですから、施設費がかかるので高いのですが、格安ＳＩＭはそのネットワークを借りているだけなので安いのです。もちろん、需要が多いと速度が多少遅くなることもあるかもしれませんが、基本的には同じネットワークを使うので、それほどの遜色はありません。

それよりも、安くなるメリットのほうが大きいでしょう。ただし、電話番号はそのままですが、メールアドレスが変わるというデメリットがあります。

この安い格安ＳＩＭをさらに安く使えるのが、「家族割」。家族みんなでまとめて契約すると、単独でそれぞれが契約するよりも、かなり安くなります。

会社によっては、家族それぞれが独自に契約した場合よりも、半額近くまで料金が下がるケースもあります。格安ＳＩＭ会社の中には、親回線が契約しているデータ通信量を、子回線契約とシェアできるところもあります。ただし、使えるプランや契約回線数に指定がある会社も多いので、確認しましょう。

１人でもシニアなら格安な会社もあります。たとえばイオンモバイルの電話もネットもできる「やさしい音声プランＳ」は、３ＧＢで月額７８０円（税別）です。

野菜を安く買うには産地直売所を活用

輸入品の値上がりが顕著ですが、輸入品だけでなく国内野菜なども、気候による不作や運送費が値上がりした結果、価格が上がっているものが多くあります。

野菜などを安く手に入れたいなら、活用したいのが産地直売所です。

産地直売所では、中間流通のマージンや運送費用が少なくていい分、価格が安くなっています。

たとえば、**全国の産地直売所がわかる「産直ごーごー」(https://sanchoku55.com)というサイトを見ると、どこにどんな産地直売所があるのかがわかります。**通勤のついでやドライブに出かけたついでに立ち寄れるようなところをあらかじめチェックしておくといいでしょう。とれたて野菜や果物、魚などの入荷情報もあり、地元ならではの特産品やイベントの情報も載っています。

全国にある「道の駅」も、産地直送で地元の安い野菜などを扱っています。

「全国道の駅連絡会」のホームページには全国の道の駅が載っていて、施設設備や所在地などから最適な場所を探すことができます。食事ができたり温泉施設があったり、展望台や公園など様々な施設を併設しているところもあります。また、乗馬やパークゴルフなどを併設している施設もあるので、遊びに行く場所にもなり、子供連れで行く方はあらかじめチェックしておくといいでしょう。

全国のＪＡ（農協）にも、産地直売所のネットワークがあります。

ＪＡグループのホームページから「ＪＡファーマーズマーケット」というサイト（https://life.ja-group.jp/farm/market/）に入ると、全国約１６００の直売所がどこにあるかをチェックできます。

野菜だけでなく、海に近いところでは鮮魚の直売をやっているところもあります。近くに牧場がある地域などでは、精肉の直売などもやっています。また、野菜ソムリエがいる直売所や、近くに絶景があって観光としても楽しめるところもあります。こうした条件を絞って検索することもできるので、最寄りの直売所で自分の条件に合ったところを探してみましょう。さらに、ＪＡが発行しているＪＡカードを持っている人なら、５％引きになるという直売所もあります。

「散歩」をすればトクをする!?

コロナ禍で外出が少なくなる中、健康維持のために散歩するという人が増えています。

どうせ散歩をするなら、単に体力増進だけのウォーキングではもったいない。できれば、ウォーキングしながら、おトクもゲットしましょう。

今、多くの自治体が「健康ポイント制度」を始めています。

自治体の悩みは、高齢者が増えて医療費が増大すること。そこで、住民の健康を増進させて医療費を減らそうと、2014年から、総務省や厚生労働省の支援のもと「健康ポイント」がスタートしています。**各自治体で提供される健康づくりのためのプログラムに参加し、これを継続した人には、年間最大2万4000ポイント（2万4000円相当）が付与され、コンビニで利用できたり、商品券と交換できたりします。**

年間たった2万4000円と侮るなかれ。これで健康になって、寝込むこともなく医者にかかることもなくなれば、その何十倍も家計にはおトクになります。

自治体独自のプログラムもあります。大阪府の「アスマイル」は、アプリをダウンロードし、毎日歩いたり、健康イベントに参加したり、アンケートに答えるだけでポイントが貯まります。抽選で様々なものが当たるだけでなく、特定健康審査を受けるとポイントが付与されて、電子マネーなどに交換して買い物ができます。

神奈川県横浜市では、「よこはまウォーキングポイント」で、横浜在住の参加者に、無料で歩数計をプレゼント。1日2000歩以上歩くと歩数に応じて1～5ポイントが付与され、200ポイント以上を達成すると、3カ月ごとに抽選で商品券などが当たるだけでなく、年間ポイントによる抽選も行っています。歩数計を持ち歩くのが面倒という人には、ドコモと提携してスマートフォン用アプリも開発されています。

同じく民間と連携し、健康を増進しようとしている新潟県長岡市の「ながおかタニタ健康くらぶ」では、タニタの技術で活動状況や血圧などを「見える化」し、ダイエットや健康づくりをサポートしています。ウォーキングだけでなく、様々な健康活動にポイントがつくようになっていて、ポイントは長岡市内で共通クーポン券や健康グッズの購入などに使えます。

火災保険はまとめ払いに

2022年10月から、火災保険料が平均で10・9％値上がりします。しかも、有利な10年契約ができなくなってしまう可能性があるので、もし、火災保険に加入しようと思っている人は、急いだほうがいいでしょう。

実は、火災保険の保険料は、2021年1月にも2017年から計算すると平均19％値上げされました。火災の件数や被害額は、毎年減っています。それなのに、なぜ火災保険の保険料が上がっているのかといえば、災害が多発しているからです。

火災保険の多くは、自然災害に対応しています。落雷、ガス爆発などの破裂・爆発の補償、さらに風災、ひょう災、雪災の補償（一部自己負担額がある場合も）がついているものが多く、水災（一部自己負担額がある場合も）、車に当て逃げされて塀の一部が壊れたなどの被害、飛行機の墜落で受けた被害、何者かの投石で住まいのガラスが破損した被害、給排水設備の事故などによる水漏れ被害、家のそばでデモなどがあって機動隊とデモ隊がもみ合いになって家が壊れたなどの暴行・破壊被害、さらには盗難の被害など、幅広い被害に対して補償してくれる保険もあります。

また、隣の家から出火して我が家が全焼してしまったという場合、隣の家に被害を補償してもらえそうな気がしますが、よほどの過失がない限り、火災の場合には補償をしなくてもいいことになっています。

ですから、持ち家がある方は、イザという時のために、火災保険に入っておく必要があるのです。

火災保険は、毎年支払うよりも10年間まとめて支払ったほうが、保険料が割安になり、保険料が18％ほど安くなります。

ただ、災害によって保険料が上がっているので、割安な10年のまとめ払いもなくなり、22年10月からは最長5年払いとなる見通しです。

ですから、契約が間に合う方は、10年払いがなくなる前に利用したほうがいいでしょう。間に合わない方も、年払いよりも5年払いを使いましょう。

仲良し家族なら節約も効率的にできる

家族が仲良く、助け合って暮らしていけるご家庭だと、節約もうまくいきます。

ご主人が電気をつけっぱなしにしている後から、奥さんが文句を言いながら電気を消す。その後に来た子供たちが、また電気をつけっぱなしにするといったご家庭では、なかなか上手な節約はできません。

まずは、みんなの気持ちが1つになっていること。ご飯を一緒に食べる、お風呂も追いだきしなくてもいいように声を掛け合いながら入る。夏や冬もなるべく1つの部屋に集まって、冷暖房費を節約する。**最近は「Shufoo!（シュフー）」など、全国のチラシが見られるサイトがあります。**奥さんが安いものを買うだけでなく、子供の学校帰りやご主人の通勤の帰りに、連絡を取り合って安い目玉商品を買ってきてもらえれば、食費の節約にもなります。

地方の方は、車で移動することが多いと思いますが、ガソリン代が高いので大変な思いをしていることでしょう。

だとしたら、それぞれが車を使うよりも通勤通学はまとめて最寄り駅まで家族を母親が送り、休日には買い物に行く奥さんをご主人が送るなどという連携プレーになっていれば、ガソリン代も節約できるかもしれません。

あまりに仲の悪い夫婦だと、熟年離婚するというケースもあります。今は「年金分割」で年金を2人で分けることができるので、それで暮らしていくというわけです。

ただし、年金の平均支給額は20万円前後。2人なら、20万円でなんとか暮らせても、1人10万円になってしまっては、アパートを借りて生活していくことはできません。働くといっても、若い人と同じように稼ぐことはできなくなっていますから、DVなどの、一緒にいられない深刻な理由がないのなら、仲良くする努力を。

会話の多い仲のいい夫婦なら、1つのケーキを2人で分け合いながらお茶をすすっておしゃべりしていても楽しいですが、仲が悪くて話もしないという夫婦だと、ご馳走を食べていても、それほど美味しく感じないかもしれません。

節約は、家族みんなで話し合い、知恵を出し合ってやりましょう。節約で浮いたお金の一部で、美味しいものでも食べに行けば、幸福度はさらに上がります。

著者略歴

荻原博子（おぎわら・ひろこ）

1954（昭和29）年、長野県生まれ。経済ジャーナリスト。大学卒業後、経済事務所勤務を経てフリーのジャーナリストとして独立。難解な経済とお金の仕組みを生活に根ざしてわかりやすく解説する家計経済の第一人者として活躍。著書に『年金だけでも暮らせます』（PHP新書）、『役所は教えてくれない定年前後「お金」の裏ワザ』（SB新書）、『投資なんか、おやめなさい』（新潮新書）、『私たちはなぜこんなに貧しくなったのか』（文藝春秋）など。

SB新書　587

知《し》らないと大損《おおぞん》する老後《ろうご》の「お金《かね》」の裏《うら》ワザ

2022年7月15日　初版第1刷発行
2022年9月23日　初版第2刷発行

著　者　荻原博子《おぎわらひろこ》

発行者　小川 淳
発行所　SBクリエイティブ株式会社
〒106-0032　東京都港区六本木2-4-5
電話：03-5549-1201（営業部）

イラスト　上田惣子
装　幀　杉山健太郎
本文デザイン・DTP　アーティザンカンパニー株式会社
編集担当　齋藤舞夕
印刷・製本　大日本印刷株式会社

本書をお読みになったご意見・ご感想を下記URL、
または左記QRコードよりお寄せください。

https://isbn2.sbcr.jp/16014/

ISBN 978-4-8156-1601-4